JN017948

糸川英夫のイノベーション

国産ロケットの父

田中猪夫

日経ＢＰ

国産ロケットの父　糸川英夫のイノベーション

はじめに

鹿児島県の大隅半島東部にある肝属（きもつき）郡肝付（きもつき）町の宇宙航空研究開発機構（ＪＡＸＡ）内之浦宇宙空間観測所の構内に銅像が立っている。故糸川英夫博士（１９１２～１９９９）の銅像だ。我が国宇宙開発の父で、初の国産ロケット、全長23センチのペンシルロケットを打ち上げたのが糸川さんだ。その功績を顕彰するため、２０１２年11月に建立された。

糸川さんが亡くなって20年以上経過し、その名前を知らない世代も多くなった。しかし、その名前が再び脚光を浴びる出来事が近年あった。

２００３年5月に内之浦宇宙空間観測所から打ち上げられたＪＡＸＡの小惑星探査機「はやぶさ」が、長い苦難の末、小惑星「イトカワ（ＩＴＯＫＡＷＡ）」に着陸してサンプルを取得した後、２０１０年6月13日にオーストラリアのウーメラ砂漠に無事帰還したのだ。世界初の地球・小惑星間の往復飛行の達成であり、世界初のサンプルリターンの成功とし

2012年11月11日、鹿児島県の内之浦宇宙空間観測所で行われた糸川英夫博士の銅像除幕式。台座には「人生で最も大切なものは逆境とよき友である」という糸川博士の言葉が刻まれている。（写真提供＝共同通信社）

て、大きく報じられた。

後に「イトカワ」となる小惑星1998SF36は、米マサチューセッツ工科大学の小惑星研究チームが発見したものだった。命名権はこのチームにあったが、それを譲り受けて、「イトカワ」と命名したのは、糸川さんがかつて所属した東京大学宇宙航空研究所（現JAXA）の後輩たちだった。「はやぶさ」が打ち上げられて3カ月後の2003年8月のことだ。

糸川さんは、その生涯を通じて偉大なるイノベーターだった。その足跡は戦前に遡（さかのぼ）る。

次ページの写真を見てほしい。これは、中島飛行機時代の糸川さんが設計した九七式戦闘機である。九七式の主翼は一直線だ。当時の航空機の大半は、ドイツのプラントルの翼理論に基づく楕円形の翼で設計されていたが、糸川さんは主流理論に挑戦し、一直線で設計した。

九七式が初めて空中戦で敵機と戦ったのは、1939（昭和14）年の旧満州国（現中国東北部）とモンゴル人民共和国の国境付近で起きたノモンハン事件だった。関東軍は物量で圧倒するソ連の戦車部隊に太刀打ちできずに敗退したが、航空戦では九七式戦闘機がソ連の航空機を圧倒した。

糸川さんはこの戦闘機の主翼のイノベーションを皮切りに、戦前には戦闘機の「隼（はやぶさ）」と「鍾馗（しょうき）」を設計し、戦後は脳波記録装置、麻酔深度計、音響学の研究、ストラディバリウス

中島九七式戦闘機（写真提供：毎日新聞社）

級のバイオリン製作、さらに国産ロケットの開発を行い、今日の宇宙開発の基礎を築いている。その最初のイノベーションが、主流理論に真っ向から立ち向かった反逆の精神から生まれたことは特筆していい。これから見ていくが、反逆の精神こそ、糸川流イノベーションの本道なのだ。

糸川さんはロケット研究から身を引いた後、組織工学研究所というシンクタンクを創設した。同時に、企業向け会員組織である組織工学研究会を発足させ、東京、大阪、名古屋など全国5都市でセミナーを開催した。私は研究会に会員として参加して以降、研究会が1994年12月に閉じるまでの10年間、ボランティアとして事務局員的役割を務めた。

一時、多くの企業会員を抱えた組織工学研究会も、最後の頃は参加者がほとんどいなかった。

聴講者が私1人だったときもあった。そのとき、「田中さん、1対1で良かったね」と糸川さんは言って、3時間の講義を一切手を抜かずにやってくれたのは貴重な思い出だ。

糸川さんの86年の人生は実に面白い。時代背景も戦前、戦中、戦後、オイルショック、そしてバブル崩壊、失われた10年と長きにわたっているのだが、幼少期から最晩年まで精力的に生きた糸川さんの人生は見事な作品だ。

糸川さんはロケット開発をやめた後も、自らが提唱する「人生24時間法」を実践して、60歳を過ぎてクラシックバレエを学ぶなど、人生の偉大なるイノベーターでもあった。本書は、糸川さんが編み出したイノベーション方法論の復権を願い、その人生をタテ糸に、How To Innovate（イノベーションの方法）をヨコ糸にして描いたものだ。

糸川さんの人生については、『八十歳のアリア　四十五年かけてつくったバイオリン物語』（ネスコ発行、文藝春秋発売）や『糸川英夫の「人生に消しゴムはいらない」』（中経出版）など糸川さん自身の著作の他、『私の履歴書　文化人19』（日本経済新聞社）、的川泰宣著『やんちゃな独創　糸川英夫伝』（日刊工業新聞社）、嵐山光三郎編、松本零士画『少年時代　糸川英夫－ロケット博士への道』（講談社ＫＫ文庫）を参考にしたことを明記しておく。また、糸川さんとロケット開発を共にした元文部省宇宙科学研究所（現ＪＡＸＡ）課長の林紀幸さんには、貴重な証言と多くの資料を提供してもらった。ここに感謝の気持ちを記したい。

本書が現代の諸問題を解決する際のヒントになれば、筆者としては望外の幸せである。

目次

第Ⅰ部 イノベーター糸川英夫の生い立ち

第1章 鳥居坂教会とアクロバット飛行 18

第2章 逆さ文字と手のひらの法則 30

第3章 ベートーベンとリンドバーグ 44

第II部 反逆のイノベーション

第4章 東京帝国大学工学部航空学科 56

第5章 反逆から生まれた一直線の翼 68

第6章 鍾馗・九七式艦攻とイ号爆弾計画 93

第III部 宇宙開発への道

――バイオリンからペンシルロケットへ

第7章 ヒデオ・イトカワ号 114

第8章 国産ロケット打ち上げ 136

第IV部 人生のイノベーター

第9章 焼き鳥の串と『逆転の発想』 174

第10章 種族工学研究所と人生24時間法 207

第I部

イノベーター
糸川英夫の生い立ち

第1章

鳥居坂教会とアクロバット飛行

私は、偉大なるイノベーター・糸川さんの生家からほど近いところに住んだ時期がある。その頃、糸川さんの生家周辺を何度も歩いてみた。偉人はどういう環境で生まれ育つのか、という疑問からだった。

東京・浅草から渋谷を結ぶ、日本最初の本格的な地下鉄が東京メトロ銀座線だ。渋谷駅から2つ手前の外苑前駅の階段を上がると、梅窓院(ばいそういん)がある。旧郡上藩主青山家の菩提寺(ぼだいじ)である。ここの境内を源流として、広尾までの3キロの距離を流れるのが笄川(こうがい)だ。現在、暗渠(あんきょ)になっているが、港区西麻布2丁目、4丁目を抜け、広尾で渋谷川と合流して古川となる。この笄川周辺こそ、糸川さんの幼少時代の遊び場だった。

糸川さんは、1912(明治45)年7月20日に生まれた。10日後の7月30日、年号が大正に変わる。生家は、いまの西麻布の交差点から外苑西通りを広尾方面に少し進んだ笄小学校の隣だった。

糸川さんの父・壮吉は、小学校の教師から後に校長になった人だ。この父と母・梅子の間に生まれた。この教育者の一家は、7人（うち男4人）の子どもに恵まれている。名門・鳩山家の長男・一郎が東京大学で銀時計をもらった年に生まれた長男は一郎、鳩山一郎の弟・秀夫が銀時計をもらった年に生まれた次男は英夫と名づけられた。父の願いが反映している。

その後、糸川家は龍土町1番地（現港区六本木7丁目）に引っ越した後、青山（現南青山7丁目）、いまの日本赤十字医療センター近くに持ち家を購入した。つまり、糸川家は笄川の両側の丘を転々としていた。

糸川さんがロケット開発から離れた後につくった組織工学研究所のオフィスも、六本木交差点から俳優座劇場方面に向かったスタービル（六本木4丁目）にあった。西麻布から六本木周辺は、糸川さんにとって幼少期から勝手知った馴染みの場所だった。

鳥居坂教会の日曜学校

1916年、4歳の糸川さんは幼稚園には通わず、父・壮吉に連れられて麻布三河台（現六本木）の鳥居坂教会の日曜学校に通っている。自宅から鳥居坂教会に行くには、西麻布3

丁目の坂を上り、テレ朝通りを越えて麻布十番から鳥居坂を上がる必要がある。西麻布交差点が笄川の谷底になるので、鳥居坂教会への行程は坂道の連続だ。大人の足でも20分はかかる。それにもかかわらず、糸川さんは日曜学校を休まなかった。毎回、色刷りの美しいカードがもらえるのが楽しみだったからだ。

クリスマスは鳥居坂教会の本堂で行われる。そのときは大人と一緒に賛美歌を歌った。聖歌隊が歌う三部、四部合唱に、陶酔感を味わったという。舞台では、子どもたちによる劇や朗読、歌唱があった。

ある年、糸川少年に大役のモーゼの役が回ってきた。白髭をつけ、頭を綿で真っ白にして、長い杖を持ってステージに上がった。セリフは、十戒の暗唱だった。

心臓が破裂しそうなほど緊張したが、ひとつも間違わずにできた。聴衆から拍手喝采を受けたという。十戒の意味はよくわからなかったが、圧倒的な興奮と感動があった。

糸川さんは、1年飛び級で中学に入学しているので、小学5年終了までの8年間、日曜学校に通ったことになる。

父・壮吉は、クリスチャンにするために糸川さんを日曜学校に通わせたわけではない。将来、糸川さんが欧米を訪れたときに困らないように、聖書を学ばせる必要があると考えたからだった。

教会で出会うのは、ほとんどが近所の顔見知りだった。当時は、小学校入学と同時に、英国国歌「ゴッド・セーブ・ザ・キング」を英語で歌う指導をされたという。国際化へと一気に動いていた開明的な大正という時代の空気が想像できる。

糸川さんは晩年、聖書はキリスト教の経典ではなく、人類史上最高のベストセラーであると捉え、東京・世田谷の自宅で聖書勉強会を開催していた時期がある。聖書の解釈は人によって違っていいという前提から、クリスマスに幼い自分が演じたモーゼのリーダーシップについて独自の視点で解説している。

モーゼのリーダーシップ

ここで聖書に関する糸川さんの講義の一部を紹介しておく。

旧約聖書の『民数記（みんすうき）』は、モーゼ五書のうちの1つだ。イスラエルの民が、パレスチナの地に入る前の時代を描いている。糸川さんは組織工学研究会のセミナーでも、モーゼのリーダーシップについて触れていて、私も聴講したことがある。『糸川英夫の創造性組織工学講座』（プレジデント社）の『聖書』のなかの組織論」に収録されている内容だった。

以下、概要だけをまとめると――モーゼがエジプトの奴隷として使われていたイスラエルの民を引き連れてエジプトを脱出して、自由の天地を求め、いまのイスラエルの地に向かう途中でのことだ。モーゼは、12部族の族長にカナンの地を調べるよう指示した。

旧約聖書で「乳と蜜の流れる場所」と描写され、神がアブラハムの子孫に与えると約束した、地中海とヨルダン川、死海に囲まれた地域がカナンだ。

族長らは、40日間の偵察から帰ってきて報告した。

「果物はたくさんあるし、緑もある素晴らしい地だが、アマレク人という大男が住んでいてとてもかなわない」

族長らは、モーゼとアロン、そしてイスラエルの全会衆に報告した。しかし、エフライム族のヨシュアとユダ族のカレブの意見は違った。

「たしかに先住民は住んでいるが、自分たちが戦えば簡単に滅ぼせる民族だ」

2人はこう報告した。会衆たちは多数派の悲観的な報告を聞いて、その夜は泣き明かした。

この聖書の物語を、糸川さんは次のように解釈する。

偵察部隊というのは、敵に自分たちの正体を見破られず、隠密裏に行動しなければいけない。そうしないと、ありのままの状態を見て的確な情報を入手することができない。それが、このプロジェクトの任務だ。ところが、各メンバーは「我こそは〇〇族の首領である」ということで、仰々しく勲章をつけ、きらびやかに身を飾り、旗を立ててと、鳴り物入りで偵察に出かけたのではないだろうか。そんなことをしたら敵も警戒する。これだけの部隊が自分たちの地を占領に来たと思うから、大男を先頭に立てて、自分たちを非常に強そうに見せた。そのため、判断を誤り、「あそこはとても良い土地だが、自分たちよりはるかに強い連中が住んでいるから勝ち目はない。あきらめたほうがいい」という結論を出すことになった。

この意見が通っていたら、現在のイスラエルはなかった。ところが、ヨシュアとカレブの二人が反対意見を主張し、未来が約束された。

聖書を心の書として読む欧米人にとって『民数記』のこのくだりは、『ヨシュア記』につながる重要な事前調査プロジェクトを指している。だが、糸川さんはモーゼのリーダーシップの失敗と受け止め、12人では烏合（うごう）の衆、最初から2人1組のペアとして偵察させていれば、最高の情報を持ってきたはずだとしている。これが、糸川さんのイノベーション理論の柱の一つになるペア・システム理論である。

青山練兵場のアクロバット飛行

話を幼少時代に戻す。糸川さんが鳥居坂教会に通い始めたのは4歳のときだったが、父親に連れられて初めて飛行機を見たのも4歳のときだ。

1916（大正5）年4月、いまの明治神宮外苑にあった青山練兵場で、鳥人と呼ばれた米国人飛行家アート・スミスの飛行大会が3日間行われ、12万人を超える大観衆が集まった。スミスは宙返り、急降下、低空飛行といったアクロバット飛行を繰り広げて、観衆を魅了した。観衆の1人だった糸川少年は、大空を華麗に舞う曲芸飛行に目が釘付けになり、感動した。

「うおーっ」

「かっこいいぞ」

湧き上がる歓声と拍手は、糸川さんの感動をさらに増幅させた。

「どうして、あんな宙返りができるの？」

糸川少年の疑問に、父親はニコニコ笑うばかりだった。糸川少年が驚いたり、不思議がったりすると、父・壮吉はいつも上機嫌だった。

糸川さんは大学に進学するとき、進路がなかなか決まらなかった。最終的に東京帝国大学工学部航空学科を選んだのは、青山練兵場のアクロバット飛行を見たときの感動を終生忘れることがなかったからだろう。

因みに、翌年、再来日したアート・スミスは、浜松町（当時）の和地山練兵場でも同じ曲芸飛行を披露している。そのとき、松の木に攀じ登って大空を見上げていたのが、遠くから自転車に三角乗りで駆けつけた10歳の本田宗一郎少年だった。戦後、本田技研を創業した本田さんは、糸川さんが後に設立する組織工学研究所の特別研究員を務めている。偉人たちの奇縁である。

エジソンの伝記

1885（明治18）年、渋沢栄一らの手によって民間の東京瓦斯会社が設立され、街の明かりがガス灯によって灯（とも）されるようになる。当時のガス灯は、ガスが弱く噴き出しているところに火を近づけて直接点火する方式だった。専門の「点消方（てんしょうかた）」が夕方になると、点火棒を持って街を回ってガス灯を灯し、朝に消して回った。

糸川家で「点消方」の役割を果たしたのは、父・壮吉だった。夕方薄暗くなると、子どもたちは壮吉の帰りが待ち遠しかった。子どもでは家のガス灯に手が届かない。手が届く父親が、家では一番偉いことになる。

父・壮吉は、手品、尺八、浪曲など多趣味な人だった。琵琶（びわ）を手にすれば、平家物語から乃木将軍の獅子奮迅ぶりまでを弾き語りしたという。

ある日、気がつくと家の中からガス灯がなくなり、透明なガラス球が天井からぶら下がっていた。壮吉は兄と糸川少年を呼び、「これが電球というものだ」と自慢し、「夕方5時には、マッチを使わなくても灯（あかり）がつく」と説明した。その言葉を聞いても、糸川少年は半信半疑だった。いつもの父の手品がまた始まるだけだ、と思ったからだ。

夕方、電灯がついた途端、うれしくなった糸川家の男兄弟は電灯の下を1時間ほどぐるぐる走り回った。寝る時間になって、「こんなにすごいものを発明したのはだれ？」と父に尋ねると、「エジソンという人だ」と教えてくれた。

壮吉は、エジソンの伝記絵本を買うと約束した。翌日夕刻、「ただいま」という壮吉の声とともに、糸川少年は玄関へ急いだ。伝記が待ち遠しかったのだった。小学校の作文に、「大きくなったら、エジソンのような人になりたい」と書いている。

鳥居坂教会でモーゼ役を演じて拍手を浴びて感動し、アクロバット飛行を見て感動し、電灯に感動する。糸川少年が感動すると父が喜ぶ、というフィードバックがいつもあった。

英夫ならぬ「火出夫」

壮吉は、糸川少年を驚かすモノを次々と繰り出す。ある日、壮吉から「このレンズで新聞紙の文字を見てごらん」と促される。糸川少年は、拡大された文字を見て驚く。当然、父は満面の笑みだ。「これは手品ではない。レンズだ」と教える。

レンズは、糸川さんの宝物になる。蟻（あり）や畳など、レンズを通してなんでも観察してみた。文房具屋などで売っている他のレンズも集めるようになった。

レンズを近づけたり、遠ざけたりして遊んでいたときのことだった。レンズで太陽の光を集めたとき、突然、新聞紙が燃え出した。紙に墨を塗ってレンズを通して光を当てると、黒い紙ほどよく燃えた。その後も糸川少年の火遊びは続き、母・梅子の嘆きは、こんな口癖になった。

「この子の名前をつけまちがえた。ヒデオは火出夫なんて、トンデモナイ」（『私の履歴書』）

糸川少年は、レンズでの遊びをこう考えていた。後年、次のように書いている。

「わたしは、紙の中に無数の太陽が入っているのだと思っていた。小さなミクロの太陽がいっぱい入っていて出られない。だから紙は冷たいのだろう」（『驚異の時間活用術』ＰＨＰ文庫）

レンズで太陽の光を集めて出口を作ってやれば、ミクロの太陽が出口から飛び出していく。ミクロの太陽を外で遊ばせてやろうと、時間がたつのを忘れて、レンズを紙に当て続けていた。

少年期の糸川さんの軌跡を振り返ると、驚きと感動を与え続けた父・壮吉の存在が大きいことがわかる。驚き、感動する糸川少年には、いつも「なぜ」という疑問が浮かんでいた。

エジソンの白熱電球の発明は、電磁気学の原理にもとづいていたが、人々の利便性を考えた実用的な発明だった。蓄音機も、音楽や声を保存して楽しむ実用的なものだ。エジソンの発明は科学的原理にもとづいていたが、実用的なものが多い。

エジソンは科学者の側面とエンジニアの側面の両方を持ち合わせていたが、実用性を追求するという意味ではエンジニアの要素が強いと言える。レンズの火遊びからミクロの太陽を思いついた糸川少年には、科学者の創造力を感じる。

糸川さんは後年、飛行機のプロペラの先端が音速を超えたときの問題を偏微分方程式の境界値問題を使って純理論値として導き出した。このときは、寝られないほど興奮したという。

尺八やフルートの穴を押さえるとき、半開きする場合がある。そのとき、穴の埋め方で違った音がする。この音波が伝わる音響インピーダンスの理論を数学的に証明したときの感動も、糸川さんは生涯忘れられなかった。

晩年、『人類は21世紀に滅亡する!?』（徳間書店）にこう書いている。

私の名前が、一般に知られているのは、まず第一に飛行機の設計者だったということでしょう。隼戦闘機をその代表例として、しばしば話題になります。その次はロケット屋です。日本のロケットの創設者ということです。この二つはいずれも技術の世界です。ですから世間的には、私が技術の世界に属する人間と思われるのは、やむをえないと思っています。

（中略）

しかし、私が自分の人生のなかで最高の傑作だと思っているのは「科学」上の研究そのものだったのです。

小学校から中学、高校を通して、糸川さんが憧れを持っていたのは物理学者だった。前掲書に、こう書いている。

科学の本質は「事実を観察し」、それらの具体的観察を通して「世界に存在」する真理や、共通の法則というか基本法則を発見してくれる存在だと私は考えています。

そういう観点から、「ニュートン」と巡り合った高校生のとき、「シュレーディンガーの波動方程式」と巡り合った高三時代、四次元空間の世界から、$E=mc^2$という驚天動地の理論を導いたアインシュタインの「特殊相対性理論」の発見もしくは発明は、大学の学生のときに巡り合った衝撃であり、心の底から私の精神を揺り動かした事件でした。

育った時代が戦争の時代だったこともあり、「自分の国のために、何かしなければいけない」と思い立って、糸川さんは戦闘機の設計に携わるようになる。その祖国愛は、大勢の人のためにという使命感から生まれたものだ。しかし、エンジニアリングの道に入ったものの、糸川さんの主たる関心はサイエンスにあった。

第2章

逆さ文字と手のひらの法則

音楽への目覚め

笄川（こうがい）は、東京都港区西麻布4丁目の通称ビストロ通りを暗渠として広尾に向かって流れている。有栖川記念公園の湧水池からの支流は、現在の広尾橋の交差点で笄川に流れ込む。現在でもフナ釣りを楽しむ人が多いこの湧水池は、笄小学校隣の糸川さんの生家からだと、大人の足で10分程度の距離にある。いまでも、自然環境豊かな子どもの遊び場だ。当時は人が訪れることがあまりなく、糸川少年の秘密の遊び場だった。

有栖川記念公園の湧水池には、おたまじゃくしや水すましが生息していた。水の中にいる動かない虫を捕まえ、手のひらに乗せた。ほとんど動かない。そっと水に戻すと、いきなりお尻から水を噴射し、シュッと動いた。この虫は、水草と水草の間をいきなり矢のように移動する。不思議に思った糸川少年は、夕飯時に父にこの虫の話をした。するとと、壮吉はうれしそうに、それがトンボの幼虫ヤゴであると教えた。糸川少年が疑問を持つと、いつも父は上機嫌だった。

後にロケット実験がうまくいかなかったとき、糸川さんはこのときのヤゴを思い出したという。ヤゴがお尻から水を噴射し、見事に移動するのをイメージしていたのだ。

4歳から通った鳥居坂教会の行事は午前中が多く、午後は隣の笄小学校でオルガンを弾いていた。当時、日曜日は小学校が一般に開放され、誰でも自由に出入りできた。壮吉がオルガンを弾く許可を学校から取り付けていたのだ。ここでクラシック音楽への興味が生まれる。この習慣は、小学校になっても続いた。

南山小学校

有栖川記念公園の湧水池は、家族でのホタル狩りの場所でもあった。途中で近所の顔見知りと出会うたびに、翌年、小学校に入学する糸川少年の担任が誰になるかという話題になった。自宅の隣は笄小学校だ。隣の学区には南山小学校がある。糸川少年が入学したとき、2つの小学校の担任教師が誰になるのかを壮吉は調べた。

当時は父兄と学校との交流は日常的で、協力して子どもを育てようとする風潮があった。教育者だった壮吉の選択基準は、学校名ではないし、もちろん偏差値や進学率でもない。担任となる教師の人格、人柄、人間性を重視した。糸川少年の性格の良い部分を伸ばしてくれそうな先生がいるかどうかで小学校を選んだのだ。

選ばれたのは南山小学校だった。糸川家はこの時期に龍土町に引っ越している。六本木の交差点から乃木坂方面にあるおつな寿司の裏手だ。おつな寿司は現在も同地で営業する1875（明治8）年創業の老舗で、油揚げを裏返しにした、いなり寿司で有名だ。

ここから六本木交差点を越え、芋洗坂を下り、麻布十番の一番はずれから坂を上ると、右側が南山小学校になる。

通学の往復で、六本木交差点にあった誠志堂書店の前を通過する。この書店は2003年に閉店してしまったが、糸川少年はここで立ち読みするのが日課だった。低学年では童話、高学年になると科学者の伝記などを読んだ。糸川少年の無料図書館だった。

時には店員からハタキでバタバタと追い払われることもあったが、だいたいは糸川少年を見て見ぬふりで受け入れてくれたようだ。後年、六本木に事務所があった組織工学研究所で購入する書籍は、誠志堂書店で購入することが多かった。

母・梅子の教え

母・梅子は、どこで仕入れたのか、「頭がよくなるにはリンが必要だ」と考えて、子どもにリンが豊富に含まれている小豆をたくさん食べさせた。糸川兄弟は、おしるこ、おはぎ、大福、キンツバをふんだんに食べさせられた。

糸川さんは後年、脳内メカニズムはナトリウム、カリウム、カルシウムの3つのイオンのゲートによって行われ、この3つの化学物質が出入りするゲートを開閉するトリガーになるのがリン酸であることを知った。梅子の説は正しかったのである。

糸川さんは、音楽の素養は父・壮吉から、科学の素養は梅子から受け継いだ、と語っている。梅子は普段は子どもの話をよく聞き、やさしい母親だったが、躾は殊のほか厳しかった。約束を破ったり、度を越した悪戯をしたりすると、必ずお灸を据えられた。

ある日、フナ釣りで門限を過ぎて遅く帰った糸川少年は、母にきつく叱られる。

「英夫！　もっと早く帰ってきなさい」

正座を命じられた糸川少年は、両手の親指を紐で縛られ、親指と人さし指の間に山盛りのモグサを乗せられて火をつけられた。熱さに耐えられず、「門限は必ず守ります」と泣きながら誓ったという。

以下は、『糸川英夫の「人生に消しゴムはいらない」』（中経出版）で紹介されたエピソードである。小学2年生のときのことだ。当時の小学2年生の算数ではゼロは教えず、1から9までの1桁の足し算や引き算だけを習わせていた。簡単な計算なので答えはわかるが、糸川さんは「1から9」までの適当な数字を回答し、正解確率を楽しんでいた。

あるとき、母親が学校に呼び出され、先生から注意される。

「お宅の英夫くんは、足し算も引き算もわかっているのに、ちゃんとした答えをしない。遊んでいるとしか思えない」

学校からの帰り道、母親は「成績が悪い。勉強をサボるものではない」と叱るのではなく、3軒隣りの五郎君の話から始めた。

「五郎君は耳が不自由で、身体も弱いのよ。学校をお休みすることも多いでしょ。あの子が勉強を聞きに来たときに、あなたが教えてあげられなかったら、かわいそうでしょ」

梅子の言葉をきっかけに、糸川少年は五郎君に勉強を教えることを自らの使命と自覚する。真面目に勉強を始めた糸川少年の成績はぐんぐん伸び、小学2年で4年生の勉強をしていた。夜、家に訪ねてくる五郎くんに勉強を教えた。

担任の先生が教室を空けるとき、「糸川君、みんなに教えていなさい」と命じたほどの実力だったという。

使命とは何か、ミッションとは何かを書物で学ぶよりも、梅子の指導ははるかに実践的で的確だった。糸川少年の中で、自分の勉強が他人のための勉強という使命に転換されたのだ。

五郎君に教えることで、糸川少年が身につけた特技がある。五郎君と向かい合って勉強を教えたので、逆さまに文字を書くコツを覚えたのだ。この特技は後年、国際会議などで向かい合った相手に数字やデータを示して説明するときに大いに役立った。

昭和の三変人

晩年の糸川さんは、イスラエルをたびたび訪れた。きっかけは、駐日イスラエル大使館が企画した日本文化人代表団という1983年のイスラエル訪問だ。参加した文化人は、糸川さんの他に、山本七平さんと小室直樹さん。全員鬼籍に入ってしまったが、3人とも発想が根源的かつユニークだった。だから、「昭和の三変人」と称されることもある。

この偉大なる変人たちを知らない世代のために説明すると、山本七平さん（1921～1991）は、イザヤ・ベンダサン名で出版されたベストセラー『日本人とユダヤ人』や、『「空気」の研究』で知られる評論家だ。小室直樹さん（1932～2010）は経済学、政治学、社会学など幅広い学問に精通した文筆家で、弟子に大学教授が多い。代表作の『危機の構造』は最近、復刊された。この2人には『新装版　日本教の社会学』という共著もある。

山本さんは「日本人は、一度はエルサレムに行くべきだ」と主張している。山本さんによれば、ユダヤ教、キリスト教、イスラム教が混在する3つの宗教共通の聖都に行くと、彼らの強固な秩序に遭遇すると同時に、日本人の持っている原則とは何かを否応なしに考えさせられるからだ。

糸川さんは、「こびとの1週間」というイスラエルの催しを紹介している。「こびとの1週間」とは、クジによって誰が誰にプレゼントしたかわからないようにして、互いに贈り物を交換するイベントだ。贈り主がわからないように、子どもたちは朝早く登校して、送る相手の机の上に贈り物を置く。手作りのお菓子や果物などだ。「こびとの1週間」が始まる前に、先生は子どもたちにこう伝える。

「今日から、あなたの手のひらは、人から何かをもらうためだけにあるのではなく、人に何かをあげるためにあるのです」

子どもはプレゼントをもらうのがうれしいが、成長して大人になると、人にプレゼントしたことが喜びになる、と先生は説明する。「手のひらは、人に何かをあげるためにある」という教えは、ユダヤ教やキリスト教がルーツの教えであり、彼らの原理原則になっている。『レビ記』19章18節に、「自分自身を愛するように隣人を愛しなさい」とある。

ユダヤ人が子どもの頃に身につける「手のひらは、人に何かをあげるためにある」という習慣と、糸川さんが身につけた「逆さまに文字を書く」という特技は、相手の視点に立つという共通点があるようだ。

後年、糸川さんが鹿児島県内之浦でロケット研究をしている頃、地元にあるバーで、この特技を披露したことがある。そのとき、糸川さんは遠くを見つめるように、こう語っている。

「この友達（五郎君）がいなかったら、いまの自分はなかったかもしれない」

母親のアドバイスが、糸川さんの考え方の骨格になっていることを本人はしっかり自覚していた。

「手のひらの教え」は、普遍的な考え方なのだろう。糸川さんの母と同じように、この教えを子どもたちに体験させるイスラエルの伝統こそ、「こびとの1週間」なのだ。方法は至って簡単なので、家庭や小学校などでやってみると面白い。将来、人のためにイノベーションを生み出す第二、第三の糸川さんが出てくるかもしれないし、イスラエルのように多くの起業家が生まれてくるかもしれない。

糸川さんやユダヤ人の幼少期の体験から生まれた教えを、ここではイノベーションを生み出す第1法則「手のひらの法則」と名づけよう。

三つ子の魂

大正時代の子どもはベイゴマで遊んだ。この遊びでは、負けるとベイゴマを相手に取り上げられる。糸川兄弟は勝つために、さまざまな工夫をした。

家族が寝静まった後、兄・一郎が七輪で炭火をおこし、近所の町工場で譲ってもらった鉛の塊を鍋に入れた。鉄より重い鉛でベイゴマの中心を重くすると、慣性の力が大きくなり、強くなると考えたのだ。

近所のベイゴマ工場で見つけた鉄の外枠だけのベイゴマに、溶かした鉛を流し込んでみた。その結果、強力なベイゴマで連戦連勝し、相手から10個以上のベイゴマを手に入れる。

近所に相手がいなくなったことから、隣町まで遠征に出かけ、そこでも勝ち続けたという。手に入れたベイゴマは100個を超えた。

当時、笄川流域には、小さな町工場や溶接屋が何軒も並んでいた。糸川少年は職人さんと話をするのが大好きで、いいアイデアが浮かぶとすぐに相談した。簡単なものなら、職人がその場で作ってくれた。強力なベイゴマは、こうした町工場の職人との関係から生まれたものだった。

このときの体験は、ロケット開発時代にも引き継がれる。糸川研究室のロケット開発における無理難題を引き受け続けたのが、ユシヤ製作所だ。

ロケット開発は日本では初めてのことだったため、部品などは量産品ではなく、すべてが一品もので製作された。試作品を短期間で作ったり、その場で改良したりすることも、小回りのきく町工場なら可能だった。町工場の職人経営者は、糸川さんらのアイデアにすぐに応えることができた。ベイゴマの改良を通じた糸川さんの町工場とのつながりは、トライ&エラーを何度も繰り返すロケット開発にも活かされたのだ。

ベイゴマに飽きた糸川少年は、マッチ棒をガラス管に入れて大砲を作るようになった。この少年期の思い出は、驚くほど克明に『私の履歴書』に描かれている。

小学校の四年ぐらいから、ガラス管で大砲をつくっていた。直径三ミリくらいのガラス管をアルコールランプにかざして、一端を封ずる。この中に、マッチ棒の先についている発火物だけを折りとって数個入れる。この先にマッチ棒を一本、発火物の方を根本にして入れる。それから、ガラス管をアルコールランプの焔で熱する。ガラス管が溶けるよりはるか低温で、ガラス管の底の発火物が点火する。このとき出来るガス圧で、マッチ棒が高速でとび出す、というオモチャである。

ガラス管が砲身で、角度を変えるとマッチ棒の発射距離が変化する。兄・一郎とこれで競争した。母・梅子が「火事になるからやめなさい」と制止したのは言うまでもない。

この遊びは、後年の糸川流イノベーションを想起させる。中島飛行機に入社してプロペラの設計に携わった20代の糸川青年は、飛行機が時速600キロを超えるとプロペラの先端が音速に近くなり、音速の壁にぶつかる恐れがあった。

「それなら、プロペラをなくしてしまえばいい」

こう思いついた糸川さんは、排気を利用したジェットエンジンの実験を始める。「危険だから実験をやめるように」と会社から言われても、こう言い返した。

「消火器を用意してやっているから、大丈夫。事故で死ぬのは自分1人ですから」

三つ子の魂百までである。

糸川少年はガラス管の次に、マッチ棒を磁石に変えて飛ばす遊びを始める。母親に火出夫と言われたことがショックで、火を出さない方法を考えた。その結果、電磁石の反発力に行きついたのだ。

ガラス管の底に、電磁石を取り付ける。ガラス管には、マッチ棒に変わって同極の永久磁石の丸棒を入れる。底の電磁石に大電流を流せば、反発して永久磁石の丸棒は飛び出すというアイデアだ。小学4年のとき、近所の鍛冶屋に頼んで、直径6ミリ、長さ10センチの軟鉄丸棒を30本つくった。その後、飛び級での中学への受験勉強が始まり、この計画は中断した。

母の看病

小学4年の夏休みが終わった直後、関東大震災が襲う。1923（大正12）年9月1日11時58分32秒のことだ。糸川少年は食事中だったため、兄と茶碗（ちゃわん）を放り出してミシンの下に潜り込んだ。最初の揺れが収まって高台となっている六本木の交差点から見ると、下町から煙がどんどん膨れあがってくる。

夜になると、近くの麻布第一連隊に家族で避難することになった。現在の東京ミッドタウン（旧防衛庁）付近だ。第一連隊では、天幕を張って逃げてくる人たちを迎え入れた。

一夜明けた翌朝になっても新聞は配達されず、地震に対する正確な情報が得られなかった。

「下町は全滅だ。十万人は死んだらしい」

情報は口伝えで伝わり、被災者や被災家屋の規模は時間の経過とともに巨大になっていった。

麻布第一連隊での天幕生活が1カ月続いた。大人の心配をよそに、糸川少年らは近所の友達と過ごせる天幕生活を楽しんでいた。

32歳の母・梅子は、幼い子どもたちを天幕の中央に寝かせ、自分は入り口付近に寝ていたのだが、右腕が天幕の外に出るほどの狭さだった。9月から10月にかけての冷気に晒(さら)された梅子の右手は、いつしか動かなくなっていた。

その年の暮れ、梅子は日赤病院（現日本赤十字社医療センター）に緊急入院する。父・壮吉が3人の子どもを集め、料理、掃除、洗濯、買い物、風呂などの家事の分担を決めた。糸川少年だけは飛び級の受験が始まるため、分担から外された。その代わり、梅子の看護のため、毎日病院通いをすることになった。

糸川少年にその気はなかったのだが、壮吉は糸川少年に飛び級の資格試験を受けさせるため、2学期から休む許可を学校からもらった。飛び級で東京高校尋常科に進んだ兄・一郎のときもそうだったが、糸川家の飛び級は父親主導だった。他の兄弟が学校に行き、壮吉が震災後の復旧活動で忙しい中、糸川少年は梅子を看病するため、ケガ人で溢(あふ)れ返る日赤病院に通った。

龍土町の家から六本木の交差点を経て西麻布の交差点を通り抜け、渋谷に向かう坂を上り、高樹町を左折してしばらく行くと、日赤病院だ。大人の足でも30分はかかる。そこまで歩いて病室の梅子に簡単な食事を作り、ベッド脇の小さな机で勉強をするのが日課となった。

「悪いねえ、勉強の邪魔をして……」

梅子の言葉に、最初こそ受験に乗り気でなかった糸川少年は飛び級試験に合格したいと思うようになった。万一、試験に落ちれば、梅子が自分の責任と考えてしまう。飛び級で進学するには、6年生の資格試験と中学試験の両方に合格しなければならない。糸川少年は、自宅では6年生の資格試験、日赤病院では中学の試験勉強に励んだ。

梅子の入院は半年に及んだが、右手は完治することはなかった。退院後の梅子は、右手が使えない不自由さを克服し、左手で家事をした。しかも、書道の先生の免状まで取得している。94歳で大往生を遂げるまで、左手が不自由なことを家族以外には知られることがなかった。

糸川さんは小学校を5年で終了する資格試験には合格したが、狙った7年制の東京高校尋常科は不合格だった。その頃、関東大震災による学校不足を補うため、東京府立第一中学校（現日比谷高校）と第一東京市立中学校（現九段高校）が新設された。

糸川少年は、南山小学校で6年に進級するか、あるいはもう一度中学を受験して飛び級で中学に進むかの岐路に立った。結局、父の勧めで糸川少年は第一東京市立中学を受験し、合格する。こうしたことから、南山小学校の卒業生名簿に糸川さんの名前はない。

小学校5年生から中学校に入った糸川さんだったが、1歳という年齢差のハンディは大きかった。子どもと大人ぐらいの違いを感じたという。糸川さんは背が低く、顔つきも童顔だったので、特にそう感じたのかもしれない。

第3章

ベートーベンとリンドバーグ

空想少年の実験

糸川さんの時代は、中学5年間、高校2年間だった。中高一貫教育の東京高校の場合、尋常科4年間、高等科3年間の7年制だった。この章では、糸川さんの中高時代の7年間を中心に話を進める。

糸川さんは、第一東京市立中学校4年のとき、尋常科を一度落ちた東京高校の高等科を受験した。だが、再び落ちている。中学5年で高等科を再受験して、ようやく合格した。

糸川さんは小学5年で1年飛び級しているが、東京高校高等科に入学したときには、同級生と同年齢になっている。思春期の1歳の差は大きい。これで糸川さんは心理的に楽になったという。この自分の体験から、糸川さんは思春期の飛び級は好ましくないと考えていた。

糸川少年はマッチ棒を使った遊びで叱られて以来、電磁石の反発を利用した電気砲に夢中になった。電磁石は火が出ないからだ。しかし、受験勉強と関東大震災で、町工場で作った軟鉄丸棒30本は引き出しに入ったままだった。

中学生になり、磁石を使った電気砲を考えているうち、なぜ液体の磁石がないのかという疑問が湧いてきた。固体磁石があるのだから、液体の磁石があってもおかしくない。そこで、自分でつくってみようと思い立つ。

糸川さんは空想少年だ。空想の中で、ガラスのU字管の中にあらゆる液体を入れてみる。水、食塩、砂糖、硫酸、塩酸、カセイソーダ水など、理科の実験室にあるすべての液体を入れてみる。コイルにスイッチを入れて電磁場をつくり、熱を加え沸騰するまで熱する。次に温度を下げる。液体が氷になるまで冷やすと、磁石になるかならないか。

この空想を実験するため先生に相談してみると、理科室のあらゆる器具を使ってもいいという許可をくれた。これで大きな電源もU字管も使うことができるようになったが、液体磁石はできなかった。理科室の隣にあった図書館には、液体磁石の参考になる本がなかった。たびたび図書館に出入りするうち、ふと手にしたシェークスピア全集に興味を惹かれ、いつしか読み耽(ふけ)るようになった。

ここから糸川さんは、築地小劇場で当時売り出し中の劇作家、小山内薫に関心を向ける。

築地小劇場は社会主義者を多数輩出した。次第に糸川さんは、社会主義革命について明け方まで同級生と議論するようになった。

結局、中学のときの液体磁石は未完に終わっている。

「人生とは何か？」

飛び級で第一東京市立中学校に入学した生徒が、糸川さんの他にもう1人いた。2人の席は隣同士で、すぐに親友になる。当時の糸川さんはハムレットに夢中で、文学的な世界に没入し、ヘーゲルやカントを読み耽った。親友を含めた5、6人の仲間と哲学的な議論を交わしている。

廊下で歩いて来る先生をつかまえて、いきなり厄介な質問を浴びせたこともあった。

「先生、生とは何でしょうか？ 死とは何でしょうか？ 人生とは何のためにあるのでしょうか？」

「人生の目的を発見するのが人生の目的である」

「何のために生きるかを発見するために生きるんだ」

そう教えてくれた先生もいたが、糸川さんは要注意学生のグループに入れられ、特別補導学級の一室を与えられ、隔離されることになった。

ある日、登校すると隣の席の親友がいない。今日は休みかと思っていたら、彼は自殺したという。家のメッキ工場から青酸カリを入手して服毒自殺したと聞いた。父親から「勉強しろ」と言われたことに反発し、口論になって衝動的に自殺してしまったという。

ミクロの太陽の正体

これは、糸川さんが42歳のときのエピソードだ。米国で液晶を研究している科学者に出会った。液晶とは、液体の結晶ができるという意味で、磁石の作用で色がつく。つまり、液体磁石なのだ。中学時代の疑問が、30年の時を経て解けた瞬間だった。糸川さんは、この科学者と手がちぎれるほど固い握手をしたという。

中学時代の糸川さんの自宅は、おつな寿司の裏手だ。六本木交差点にあった誠志堂書店は近所だった。中学2年のとき、液体磁石を調べるため、物理学の本を立ち読みしていると、ラザフォードの原子模型図を発見し、その解説に仰天した。

「物質のすべては原子でできていて、その中には原子核がある。その構造は太陽と同じである」

4歳のときの「紙の中には、ミクロの太陽がいっぱい詰まっている」という空想が、この本では原子核として実証されていたのだ。子どもの頃の「なぜ」から生まれた空想が、物理学では解決していたのだった。これ以降、糸川さんは、自分の直感を信じるようになる。

自作ラジオとベートーベン

液体磁石の次に糸川さんが熱中したのは、ラジオづくりだった。仮放送局が東京・芝浦にできたばかりで、実験放送の段階だった。毎日何時間か電波を流すが、その中にベートーベンのシンフォニーもあった。

ベートーベンが大好きな糸川少年は、放送を聴きたくて仕方なかった。当時、米国製ラジオは売っていたようだが、普通の家庭では手が出なかった。そのため、ラジオ放送開始に合わせ、「ラジオづくりの方法」などの記事が少年雑誌に掲載されていた。こんなとき、糸川少年がラジオを自作しないわけがない。

アンテナを自宅の屋根に張り、ラジオを自作したが、レシーバーは作るのが難しく、片方だけ知人にもらったという。落語が聴けるようになり、兄・一郎を呼んで交互にレシーバーで聞いた。ここでアイデアが閃き(ひらめ)、どんぶりを使ってレシーバーの音を拡大させることにした。これでラジオを2人で一緒に聴くことができるようになった。

しかし、音量が小さくシンフォニーの微妙な音は聴き取れなかった。父・壮吉が糸川さんを浅草に連れて行ってくれて、レシーバーを買ってくれた。当時のレシーバーは非常に高価だったが、壮吉は子どもの興味を伸ばそうと無理をして買ってくれたのだろう。

リンドバーグに背中を押され

1927（昭和2）年2月4日、糸川さんが中学3年のときだった。シェークスピア、液体磁石、ラジオと、次々に糸川さんを惹きつけるものが現れたが、将来の進路を決める時期が近づいてきた。エジソンへの憧れは変わっていなかったし、音楽への憧れから作曲家の道も考えた。中学時代の糸川さんの作文「音の人を通じて」には、次のように書かれている。

「……芸術における個性はほとんど芸術の全部だとさえ言っている。しかし、少なくとも音楽の世界ではそれが全部ではない。モーツァルトは非常な天才である。そして彼の曲は美しい。ジュピター交響曲を聞くものは、その妙律と驚歎すべき対位法に心を奪われる。しかしながら、ジュピター交響曲はモーツァルトではない。言い換えればモーツァルトの個性の傾向や、外界の影響は絶無である。（中略）ベートーベンの第五交響曲は、徹頭徹尾ベートーベンの音楽である。（中略）抽象的な美よりも、ベートーベン自身の個性と生活とである…」（注：旧仮名遣いを現代語に改めた）

当時の糸川さんはモーツァルトよりベートーベンが好きだったようだ。音楽への興味と造詣は並々ならぬものがあった。

高校進学を父・壮吉に相談すると、「自分で決めることが大切だ」と言われた。東京高校高等科に進むか、それとも上野の東京音楽学校（現在の東京藝術大学）作曲科に進むか、糸川さんは悩んだ。決心がつかず、母・梅子に相談すると、母も父と同様、こう言った。

「自分のやりたいものを自分で選びなさい。ただし、入試の難易度で決めてはだめ」

そんな迷える糸川さんの耳に、「25歳のリンドバーグが、大西洋を単独無着陸横断飛行」というニュースが飛び込んできた。

リンドバーグは悪天候と眠気と戦いながら、33時間30分かけてパリの飛行場に降り立った。ニューヨークとパリの2大都市をノンストップで飛んだリンドバーグは、「翼よ、あれが巴里の灯だ」という言葉を残していた。

父に連れられて青山練兵場で見たアート・スミスのアクロバット飛行に感動した記憶が、このニュースとともに蘇(よみがえ)ってきた。4歳の頃からの飛行機への強い憧れがリンドバーグの快挙によって一層強まった。

糸川さんは理科コースの充実した東京高校を再受験することにした。中学5年で東京高校に3回目の挑戦をして、ようやく合格する。リンドバーグの夢を追って、東京高校高等科では理科甲類（理学部・工学部進学コース）へ進む。

これで兄・一郎と同じ東京高校へ入学するという初志は貫徹することになった。飛び級ではなく、同級生は同じ年齢となった。

チェロに没頭する

東京高校高等科に入学すると、糸川さんはバスケットボール部に入部した。背が高くなるからという理由もあって、中学からバスケットをやっていた。猛練習したので、シュートはかなり正確に打てたが、やはり身長がハンディとなった。中学時代の苦手は体操だった。身長が低いため、跳び箱に手が届かなかった。バスケットボール部でも身長がネックになり、レギュラーにはなれなかったが、3年まで続けた。

入学後しばらくして、音楽部の部室を見つけた。誰もいなかったので中に入ってみると、チェロと演奏用の椅子があった。糸川さんとチェロとの出会いだった。

小学校時代に大人用バイオリンで苦しめられた反動からか、座って弾ける楽器は魅力的に映った。その足で音楽部の主任教授のところに行き、「チェロを弾かしてほしい」と頼むと、ちょうどチェロを弾く人が全員卒業していたことから、すぐ入部が決まった。チェロの先生を紹介してもらって、そこへ個人レッスンに通うことになった。

糸川さんはすっかりチェロにのめり込み、カルテットを結成した。男子校でピアノを弾く生徒がいなかったため、トリオではなく、4人のカルテットになった。

カルテットのメンバー全員が、後に進んだそれぞれの業界で頭角を現していく。第一バイオリンは有名な電機会社の社長、ビオラは製薬会社に入ってペニシリンの国産化に成功している。第二バイオリンは数学者の矢野健太郎氏だった。プリンストン高等研究所時代にはアインシュタインと交流したことで有名だ。

糸川さんは部の委員長になり、兄弟校のような第一高等学校とオーケストラを編成した。バスケットボール部ではレギュラーにはなれなかったが、水泳部では背泳ぎの選手として活躍している。

理学部物理学科か、工学部航空学科か？

高校2年のとき、ニュートンの法則を学んだ。ティコ・ブラーエの天体観測のデータを整理してできたケプラーの惑星に関する法則を、ニュートンがたった一つの力学方程式で解き明かす、という手品のような芸当に衝撃を受けた。

熱力学第2法則から始まって量子力学、水素スペクトルの法則など、魅力的な学問分野と出会う。糸川さんは大学の志望を決めるとき、理学部物理学科か、工学部航空学科かで迷っている。物理の先生が「物理学」を教えるというより、「物理学の楽しさ」を教えてくれたからだった。

1929年のニューヨーク・ウォール街の株価大暴落に端を発した世界恐慌とその後の不況が、ほぼ4年間続いた。糸川さんの高校時代と重なっている。その影響を受けて日本経済も深刻な不況に陥った。父親の事業が破産し、アルバイトをしている同級生も多くいた。

左翼の革命運動が若者を巻き込んで、休校やストが全国に広がった。全校生徒はスト参加派、不参加派の二つに割れた。糸川さんが高校3年の1931（昭和6）年、満州事変が勃発した。大学1年の1932（昭和7）年には、五・一五事件が起きる。

どのクラスでも、スト参加派と不参加派に分かれ、対立した。1年生の1学期を除いて高校3年間、クラスの総代だった糸川さんはクラスをまとめるのに大変苦労したという。ストに参加した友人を見殺しにできないという、いわゆる友情ストに糸川さんは同調せず、事態の真相を冷静に見つめるスタンスをとった。

満州事変が起きた年の10月4日、クライド・パングボーンとヒュー・ハーンドンという2人の飛行士が、「ミス・ビードル号」で青森県三沢村（現三沢市）淋代（さびしろ）海岸を飛び立ち、41時間かけて米ワシントン州ウェナッチ市に到着した。リンドバーグの大西洋無着陸横断飛行に続く、太平洋無着陸横断飛行の快挙だった。

糸川さんは東京帝国大学工学部航空学科への進学に傾いていたとき、担任の教師から、「高額の奨学金を受けられる資格者として、大学推薦してもいい」という話が舞い込んだ。医学部外科志望に限るという条件付きだ。

迷った末に、糸川さんは医学の道はあきらめた。以前、マムシに嚙（か）まれた右手人さし指がデリケートに動かないからだった。高校3年の冬休みとなる12月から翌年2月まで受験勉強に集中した。

第Ⅱ部

反逆のイノベーション

第4章

東京帝国大学工学部航空学科

航空学科の実態

1932（昭和7）年、東京帝国大学工学部航空学科に入学する。当時の大学は3年制だった。理学部物理学科と工学部航空学科のどちらにするか迷ったが、結局、工学部航空学科を選んだ。

4歳のときに青山練兵場で見たアート・スミスの曲芸飛行の記憶や、リンドバーグによる大西洋単独無着陸横断飛行などの出来事だけが決め手ではなかった。

幼少期に五郎君とのエピソードから体得した「使命の自覚」と「社会的責任の大切さ」が、進路選択に大きく影響している。飛行機に対する強い憧れと同時に、欧米と対峙（たいじ）していた戦前の日本にあって、自国のために何かしなければならないという使命感を糸川さんは感じていた。

高校3年の1931(昭和6)年、満州事変が勃発する。大学に入学した翌32年、対日石油禁輸という欧米からの経済制裁が始まっている。欧米諸国からの対日包囲網が日増しに強くなっていく時代だった。

後年、世界と戦う数々の戦闘機を設計した人材を生み出した東京帝大工学部航空学科は、1学年たった9人という少数精鋭だった。糸川さんは、昭和7年入学の10年卒。

「航空科十年卒組には、何浪もして航空科一筋に入試を重ねた猛者が多くて、一級上の九年組より平均年齢は大分高く、オヤジ然としたのが風格であった」(『私の履歴書』)

航空学科には海軍と陸軍の委託学生もいた。入学の翌5月に起きた五・一五事件時には図書室にクラス全員が集まり、憂国の議論を戦わせたという。

教養課程は高校で修め、3年制大学はいきなり専門課程となる。ところが、航空学科とは名ばかりで、古ぼけたプロペラの他に飛行機の部品らしきものはなく、糸川さんはすっかり幻滅した。航空学科の教師には、造船学や機械工学を専門とする人が多かった。

「同じ流体力学であれば、船も飛行機も同じだというのだから、まるで詐欺のようだった」

糸川さんは後年、そう語っている。

クラス全員で9人なので、学科対抗野球となると1人も休めなかった。糸川さんのポジションはショートだったが、よくトンネルをした。クラスで講義の合間に抜け出して墨田川でボートを漕いだというのだから、まだ戦争は身近でなかったのだろう。8人で漕ぐエイトは舵取り役のコックスを含め9人編成なため、学科総動員でもギリギリだった。

向島から隅田川をボートで漕いだ後、ビール会社に立ち寄って生ビールを飲み干し、トンカツを食べながら将来の飛行機について議論した。当時、ロンドン海軍軍縮条約が締結され、各国が保有する軍艦の総トン数比が決められた。米国100、英国100、日本69・75の比率となり、米英と戦うとなると、日本は圧倒的に不利になる。

海戦で勝ち目がなければ、飛行機の戦力でその差を埋めるしかない。航空学科の学生たちのビール談議は熱を帯びた。卒業して6年後に日米開戦となるとは誰も予想していなかったが、各自、強い予感はあったという。

糸川さんは後年、航空学科の仲間たちについて、こう書いている。

「いちばん仲がよかった山崎良雄が卒業を前にして肺の病に倒れ、お墓に納骨するのをやった。同じく仲よしだった小谷敏夫は、海軍技術中尉から大尉になり、第二次大戦の末期、サイパンで自決した」(『私の履歴書』)

糸川家の長男の一郎は工学部土木科、次男の糸川さんが航空学科、三男の三男が火薬学科、四男の民生が文学部心理学科と男兄弟は4人とも東大に進んだ。だから、寝坊したときは便利だった。大学時代、兄と2人、自宅から本郷までタクシーで通うこともあった。

当時、人々が大学に進学した理由は、就職に有利だからという理由ではなく、徴兵制度への対策だった。20歳になれば必然的に兵役検査となるが、大学に入学していれば卒業まで兵役検査が延長された。卒業後、甲種合格となっても、往復ビンタを食らう初年兵を飛ばして少尉からスタートできた。

同級生が在学中に海軍の委託学生のテストに受かり、短剣を下げて颯爽と海軍の制服姿で通学していた。路上ですれ違う水兵や兵隊から直立不動の敬礼を受ける姿が、糸川さんにはカッコ良く映った。先輩の勧誘で、糸川さんは航空学科卒業間際に陸軍航空技術将校の試験を受けた。

学科はパスしたが、身体検査で肺病と判定された。医学再請求はしたようだが、陸軍将校にはなれなかった。

未来の問題を先取りした卒論

大学1年のとき、造船学や機械工学の教授・助教授が休んだ際、講義が若い講師に代わった。その講師から初めて飛行機の話を聞くことができた。糸川さんは大変感動し、その先生に憧れたという。

2年になると、この講師が助教授に昇格し、航空機設計法という講義を担当した。造船学や機械工学とは違って、航空学科らしいその講義は実に魅力的だった。この講師こそ、糸川さんに大きな影響を与えた谷一郎先生だ。

糸川さんは、谷先生の講義には必ず出席した。当然、成績は良かった。谷先生としても、熱心な学生だと印象に残る。谷先生の生き方や人柄への理解が深まるとともに、糸川さんにとって谷先生は人生の師となる。

谷先生は試験問題で難問を出すことで有名だった。それは学生がどこまで考えられるかを試していたからだ。ある試験の日に、谷先生の出した難解な試験問題に取り組んでいると、糸川さんの机の前に谷先生が立って指で机を小刻みに叩く。おかげで糸川さんは解法の間違いに気づき、試験で満点を取ることができた。

谷一郎先生の専門分野は、流体力学だった。流体とは水や空気を指す。流体力学は物理学の一部で、流体の振る舞いに関する分野だ。

当時の航空工学は、空気中に物体が走る際、空気は圧力によって密度が変わらないという非圧縮性を前提に成立していた。現在でもそうだが、自動車や飛行機でも速度が遅い場合、周囲の流体（空気）は非圧縮性となる。

空気という流体は弾性率を持っているため、飛行機のような物体が動くと、弾性波という波によって物体が近づいていることが前方の空気の分子に事前に伝わる。遅い速度では弾性波が音速で事前に伝わり、進行方向から前方の空気の分子は横に逃げる。そのため、飛行機に生じる空気抵抗は少なくなる。

音速は1気圧のときに秒速３４０メートル。弾性波はそのスピードで前方の空気の分子に伝わる。ところが、飛行機が音速を超えると、前方の空気に弾性波が伝わらないため、空気抵抗の壁にぶつかることになる、というのが糸川さんの大学時代の問題意識だった。

実際の飛行機が音速である秒速340メートルを超えるのではなく、時速600キロメートルを超えるレシプロエンジンの飛行機のプロペラの先端が、飛行機の前進速度＋プロペラの回転速度になるので、音速を超えてしまうのだ。

音速（マッハ1）の壁は、ショックウェーブ（衝撃波）と呼ばれ、知られていた。未来の課題として、流体力学を勉強する人は当然知っていた。当時、日本国内には高速風洞実験装置はなかったが、ドイツのゲッティンゲン大学での実験結果によると、理論値（0・5）より手前（0・42）で空気抵抗が急増することがわかっていた。理論値は、空気は圧縮しない（非圧縮性）という当時の常識を前提としていたが、実際の空気は圧縮される（圧縮性）ということが、この実験から実証された。

それを理論的に証明するには、超音速に関する微分方程式を、線形でなく非線形で解かなければならない。糸川さんは非線形方程式をフーリエ級数で近似化し、偏微分方程式の線形問題として6次方程式を解き、近似値として実験結果とぴったり同じ0・42という数値を導き出した。

ニュートンが万有引力の法則と運動方程式を利用して、経験則であるケプラーの3法則を導き出したのと同じように、ゲッティンゲン大学の実験値を理論的に偏微分方程式で導き出したのである。まさに科学者の仕事だ。

当時の飛行機エンジニアリングは、空気を非圧縮として捉えていたが、音速を超えると、空気を圧縮性の流体として捉えないと解決できない領域に突入する。そのために、新しいサイエンスを必要とした。

これが、糸川さんの航空学科の卒業論文だった。飛行機の設計者が空気の圧縮性で悩むようになったのは、糸川さんが卒業して10年以上たってからのことだ。この論文は未来を先取りしていた。音速を超えるときの衝撃波発生の臨界速度を境界値の固有値として出すという論文は、当時はまったく評価されなかった。

「当時、この論文を審査した先生は問題の所在すらも、はっきりわからなかったのではないか」と糸川さんは語っている。糸川さんにとっては、大きなショックだった。大学卒業後、東京大学航空研究所の研究生時代、流体力学の専門家を前に論文を発表したが、反応はゼロだった。質問もまったく出なかったという。

三変人「境界値」問答

ここで糸川さんが大学時代に追求した境界値の問題についてもう少し考察してみる。

1983年に糸川さんは、小室直樹さん、山本七平さんの3人でイスラエルを訪問している。スケジュールは、次の通りだった。

6月20日　ホロコースト記念博物館訪問。外務次官と会談。
21日　ヘブライ大学でティーチ・イン（学内討論集会）。ベツレヘム訪問。
22日　マコマナイ陸軍大佐と会談。クネセット（国会）訪問。
23日　死海見学。マサダ訪問。
24日　ヨルダン川西岸地区視察。ゴラン高原（元シリア領）視察。
25日　イスラエル出発。

1983年6月25日のイスラエル最終日の朝食における3人の会話で、糸川さんが学生時代に卒論のテーマにした境界値問題をきっかけに、面白い議論が行われた。この対話は、山本七平著『山本七平全対話8　明日を読む』（学習研究社）の最後に「21世紀の日本はハルマゲドンだ」と題して収録されている。

朝食時に糸川氏が、「いや、考えれば考えるほどユダヤ人は恐怖ですな、自然科学の分野でもバイオテクノロジー、遺伝子工学といった二十一世紀に全面開花する分野に力を注いでいるんだから……」

と呟いていた時のこと。突然、小室氏が糸川氏に向かって、「日本のハルマゲドンを回避するためには、先生の特異点問題、境界値問題を真剣に考えてみる必要がありませんか」と投げかけた言葉が、その朝の会話の引き金だった。

糸川 えっ、ご存知なんですか。私はそれを評価してもらうのがいちばんうれしいんです。

山本 それはいったいどういう問題なんです？

糸川 本来は数学用語ですが、私はこれに戦前、戦闘機「隼」の開発中に直面したんです。わかりやすくいうと、ある物体のスピードが音速を超しますと、とたんに空気が鋼鉄のような存在になってしまう。マッハの壁というものですが、そこからは普通の空気力学が全く役に立たなくなる。これが境界値問題というものです。これは従来の力学ではなく、数学的にとらえないと、対策はたてられなかったんですが、世界中で同じように開発にとり組んでいたから飛行機が空中分解して、多くの死者を出しました。それを計算で出せたのはじつは私が初めてだと思っていたんです。ただ、小室さん以外は評価してくれなくてね、いまだに。（笑）

山本 境界値問題というのは、じつにいいテーマですね。それの前と後とでは、論理がまったく違うというのは、まさに生き残る道への探索ではないですか。

小室 そうなんです。これまでの日本はあるカーブの上に乗っていた。それが、ある点から、大幅に乱れることになる。予測がつかない。しかし、乱調状態に法則性を見つける必要がある。

糸川　ＩＣチップで説明しますとね、いま六十四Ｋです。四倍ずつでいきますから、次は二百五十六Ｋ、日本はこういう進歩ですよ。線型の上で発想しますから。ところがアメリカの学者は、六万Ｋをいま考えています。これは手先の器用さなどではどうにもならない数字です。境界値の先のことなんですから。日本人は、どうしてもそこから先が考えられない。

山本　では、境界値問題を克服するには、どうすればいいのか。私は世の中、すべてが仮説であるという考え方を日本人が持つことだと思うんです。自分の考えが仮説にすぎないという認識があってはじめて、議論がつみあげられ、イマジネーションの開放につながっていくのです。柔軟な発想もそこから生まれてくる。もうそういうことが緊急に必要になってきたと思います。

小室　私もイスラエルで大いにそれを感じましたね。食べ物から生活スタイルまでユダヤ教の牢固とした規範に縛られている彼らが、その一方では最先端の科学技術の分野で次々と画期的な業績をあげている。一見、矛盾しているようだが、彼らはすべてが仮説であると考えているからこそ、それが可能なんです。

山本　まったくその通りです。ユダヤ人は神との契約のみが絶対なんですから、それ以外に絶対的なものはありえない。すべて仮説だということになるんです。

糸川　ところが、そんな確たる発想は日本にはない。曖昧模糊とした秩序「空気」が働いているだけなんです。だが、これでは絶対に「境界値」は超えられない。予測不可能な新事態に直面した場合、私たちにはそれを乗り切る手だてを、なにも持っていないからです。私が深刻に恐れているのは、こうした状態が進行すれば、二十一世紀の日本がイスラエルの前で、のたうちまわる予感がして仕方がないからです。

小室　私にしても、わずか六日間の滞在でしたが、日本のハルマゲドンばかりが、くっきりと浮かび上がってしまいました。

この三変人の対話は1983年のことで、1990年代のバブル崩壊よりかなり前のことだが、境界値問題を切り口にハルマゲドンを見事に予想して的中させたと言えるかもしれない。

多くの日本人が抱いていた土地価格は必ず上がるという土地神話がバブル崩壊で一気に崩れ、境界値を超えた日本は、失われた10年から20年、30年に突入していく。乱調状態から新しい法則性を見いだせない限り、永遠に失われた状態が続く。

三変人はイスラエルの地で、すべてを仮説と考え、サイエンスのように法則性を見つけ出す必要があることを示唆している。イスラエルには、守らなければならない絶対的な宗教規範はあるが、その他は「すべてが仮説」という常識がある。日本人にはない考え方だ。

有形資産である土地の価格が境界値を超えた結果、バブル崩壊（ハルマゲドン）が起きた。

その後、新しい環境に合わせた法則はいまだに見つかっていない。

第5章

反逆から生まれた一直線の翼

プラントルの翼理論

大学卒業後、飛行機会社に入社した糸川さんは、早々と世間に注目される大きな仕事をしている。ここには、糸川さんのイノベーションの基本になる要素が隠されている。

糸川さんは、卒業して就職する気は一切なかった。航空学科の卒論のテーマは、音速を超えて圧縮された空気を扱った偏微分方程式の境界値問題だった。それと同時に、糸川さんの問題意識は、当時常識化していた飛行機の翼の形にあった。

飛行機が飛ぶ原理は、たとえば進行方向が左向きだとすると翼の周りに時計回りに空気の循環が起きる。翼の上部を通る循環は時計回りで流速が速く、下部では進行方向と逆の循環になるので流速が遅くなる。そのため、翼の上下に圧力差が生まれる。翼の上部の圧力の方が低いので、上に引き上げられることになる。

流体力学のベルヌーイの定理では、運動エネルギーと圧力の2つの和が一定とされている。空気の循環の速度が速くなると圧力は下がり、逆に遅くなれば圧力が上がるため、吸い上げられる「揚力」が生まれる。ただし、流速の上下の差を生むためには、翼の後縁部がとがった形（クッタの条件）でなければならない。つまり飛行機の設計者は、翼の断面の形状や翼全体を空気の循環がうまく生まれるようにデザインしなければならない。

糸川さんは第13回航空学科卒業生だ。当時、ゲッティンゲン大学のプラントル教授の翼理論が世界の主流だった。日本だけでなく、米国やドイツの航空機をはじめ、英国、ソ連などの飛行機はプラントルの翼理論に基づいて設計されていた。

飛行機が飛ぶ理由が翼の上部と下部の圧力差からの揚力であるなら、プラントルの翼理論を超えるスマートな方法があるに違いない、と糸川さんは考えた。

新しい翼理論への挑戦である。卒業後、大学の研究室に残ったとしても、主任教授の指導下では、この研究は無謀だと否定されるだろう。たぶん、プラントル翼理論の焼き直しの研究しか許されない。別組織の東大航空研究所なら、新しい翼理論の研究が可能になるかもしれない。

そこで糸川さんは、谷一郎先生の紹介で東大航空研究所の所長から、受け入れの内諾をもらうことになる。

二足の草鞋

1932（昭和7）年、満州国が誕生した。翌33年、ヒトラーがドイツの首相となり、日本は国際連盟を脱退した。軍事的な緊張が高まってきた1935（昭和10）年、糸川さんは航空学科を卒業する。担当の主任教授は「中島飛行機に行け」の一点張りで、「行かなければ、卒業証書は出さない」とまで迫った。

日本軍は軍備拡大を急いでいた。日本で唯一、しかもわずか9人の航空学科の卒業生は、どの航空機メーカーからも求められた。陸海軍に行かなければ、三菱、中島、川西（現新明和）、立川飛行機の中から選ぶしかなかった。三菱は名古屋だが、中島は群馬県太田と東京・荻窪が拠点だった。東京生まれの糸川さんにとって、中島飛行機の選択は悪くはなかったはずだが、選んだ道は航空研究所での研究だった。

新しい翼理論を研究したい糸川さんは、中島への入社を1、2年待ってほしいと伝えた。これに対し、中島側の提案は、「4月1日から採用する。ただし、1、2年は翼理論の研究のために東大航空研究所に通ってもいい。給与も払うから、給料日には本社まで来い」と柔軟だった。イノベーションが生まれないタイプの会社には、このような柔軟性はない。

中島飛行機に就職するが、1年ほど会社出向の研究生として航空研究所に通うことで主任教授も中島飛行機も納得した。最初の1年は研究生だったが、卒業3年後の1938（昭和13）年から嘱託になった。

航空研では、「最初は風洞部で深津助教授（当時）から、薄翼理論を学び、その後間もなく、谷一郎先生に引っぱられて飛行機部へ移り、翼理論と境界層を学んだ」（『私の履歴書』）。糸川さんは4月1日の入社式には出席せず、歓迎の宴会にも参加せず、太田工場にも行かなかった。たまに太田工場に出勤すると、社員名簿に名前がないため、守衛から「お前は誰だ」と言われた。

小山主任技師の命令

糸川さんは不眠症だった。頭の回転が速いため、交感神経はいつも全開だった。だから、眠るときも副交感神経に切り替わらなかったのだろうか。大学時代は寝坊すると、兄の一郎と円タクで本郷まで通ったが、中島飛行機の午前8時の始業時間に間に合うことは稀（まれ）だった。

タイムカードは遅刻の赤字スタンプばかりだった。そんな糸川さんに同情した受付嬢は、代わりにタイムカードを押してくれたという。航空研で研究はしていても、会社では暇な糸川さんは、恩返しと称して受付を手伝うことになった。当時の中島飛行機への来客者の大半が、陸海軍の将校たちだった。

糸川さんの来客者に対する観察眼は的確で、客に応じたカルテまで作成した。そのため、陸海軍の将校に大変気に入られるようになり、総務部長から「しばらく受付をやってくれ」

と頼まれた。設計部の仕事が忙しくなるまでの半年間、受付を続けた。

入社4年目になると、「贅沢(ぜいたく)は敵だ」という風潮の中、糸川さんは週に何回となく、群馬県太田から手配したハイヤーで埼玉県川口にあるダンススクールに通った。当時、東京府内ではダンスは禁止されていた。それに加えて、糸川さんは平気でゴルフも楽しんでいたようだ。これも、反逆の精神からかもしれない。

受付の手伝いにも飽きた半年ほど後、中島飛行機の陸軍機機体設計部の上司である小山主任技師から「イト、新しく戦闘機の設計をやるから来い！」と声がかかった。当時、社内での糸川さんの呼び名は「イト」もしくは「イトさん」。「さん」が付いたときは、ろくなことがなかった。

小山主任技師からの命令は、こうだった。

「これからは、単葉機が主流になる。単葉の翼で複葉の性能を出せる設計をしてほしい」

単葉の翼は、中島飛行機初となる軽戦闘機計画に採用するものだった。

「これが実現できなければ、また複葉に逆戻りしてしまう」

小山主任は念を押した。当時の世界の飛行機は複葉機から単葉機へ、可変ピッチプロペラ、引込脚、離着陸フラップへの転換期にあった。

プラントル翼理論を超えたい糸川さんにとって、願ってもないチャンスだった。誰もやらないことに挑戦できる。群馬県太田工場と東大駒場の航空研究所、荻窪の中島の風洞部の3カ所を忙しく往来する日々が始まった。

ノモンハン事件

入社5年目の1939（昭和14）年5月、ノモンハン事件が勃発した。当時、いまの中国東北部には、大日本帝国の傀儡(かいらい)国家である満州国があった。満州国と国境を接したのは、モンゴル人民共和国（外蒙古）だ。ソビエト連邦の友好国である。

満州国軍と外蒙古軍の小競り合いが続いていたノモンハンの大平原で、その年の5月、国境をめぐって戦闘が勃発した。満州国軍を支える関東軍と外蒙古軍を支援する圧倒的な物量のソ連陸上部隊が激突した結果、関東軍は大敗を喫した。

ところが、ソ連のI－16戦闘機と九七式戦闘機（キ27）の航空戦では日本軍が優勢だった。双方の損害については諸説あるが、航空戦では日本軍が圧倒したことは間違いない。

ノモンハン事件当時、糸川さんは27歳だった。日本の国産戦闘機が外国の戦闘機と最初に空中戦で激突したのがノモンハン事件であり、その九七式戦闘機の翼の設計者は糸川さんだった。

戦前の飛行機は、揚力を得るための主翼が2枚以上ある複葉機だった。第二次世界大戦時には、ほとんどの国が単葉機への移行を完了していた。複葉機から単葉機への移行において理論的支柱となったのは、ドイツのゲッティンゲン大学のプラントル教授の考案した

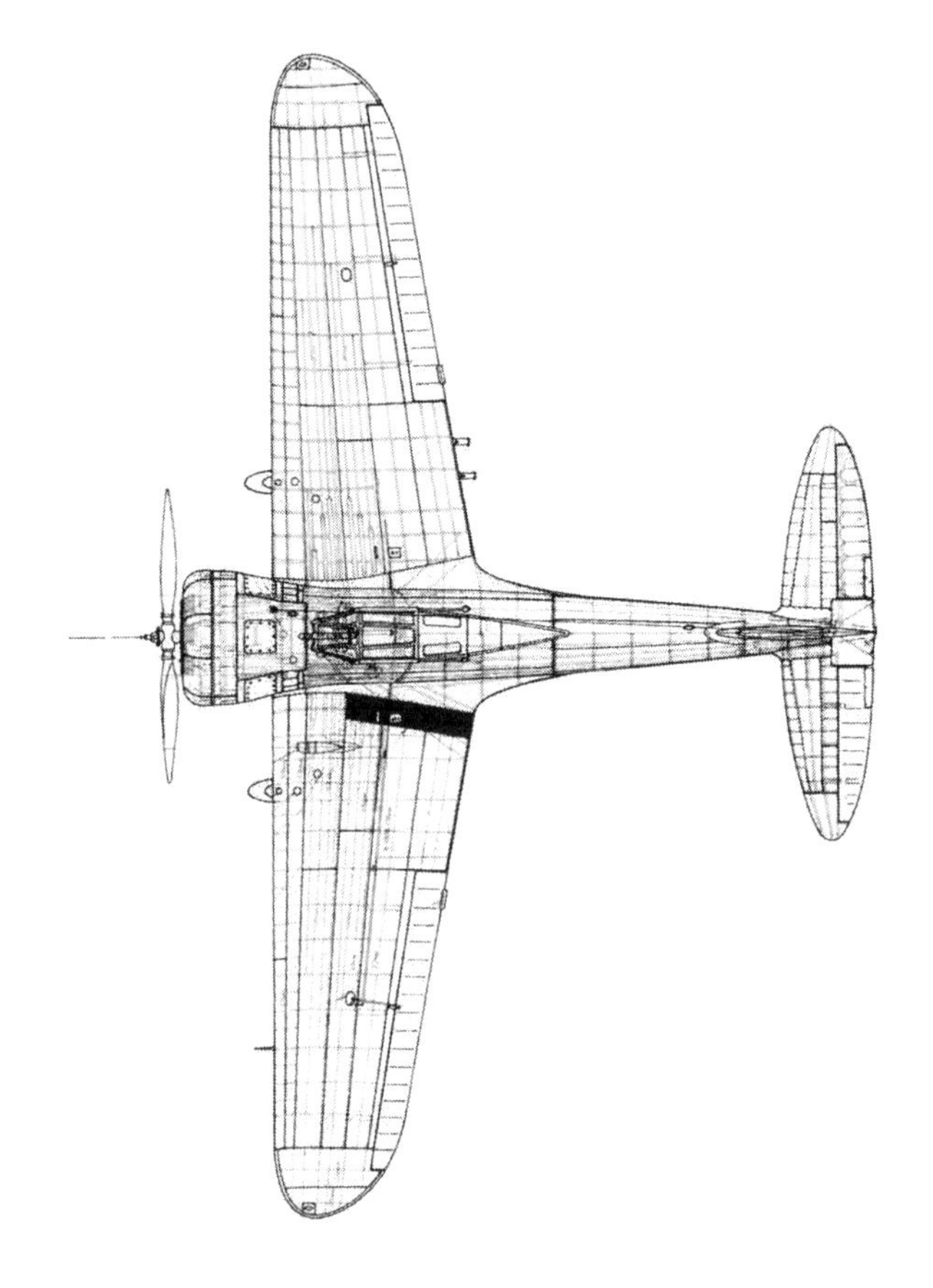

九七式戦闘機の一直線の主翼
(『図解・軍用機シリーズ [12] 隼／鍾馗／九七戦』〈光人社〉所収、鈴木幸雄さん作図)

翼理論だった。

この理論は飛行機の翼のカタチを基本的に楕円形にするもので、米国、ドイツ、英国、ソ連もプラントルの翼理論にもとづく翼を使い、複葉機から単葉機の移行が行われた。要するに、世界中の単葉機はプラントルの翼理論を使うことがデファクト・スタンダード（事実上の標準）だった。

『私の履歴書』に、糸川さんはこう書いている。

キ27は、単座戦闘機（陸軍用）として、中島飛行機が、初めて単葉機を設計した当時として、一つの新しい時代をつくった飛行機である。

空力設計屋の看板をひとりであげた形だった私への小山さんの注文は、旋回戦闘（巴戦ともいわれた）のときに、複葉と同じような性能を発揮できる主翼を考え出せ、という難問だった。

翼型と平面翼の形状でこれが決まる。当時の標準型単葉戦闘機の翼は英国のスピットファイア、日本の海軍ゼロ戦（三菱、堀越二郎先輩の作品）など、ゲッチンゲン大学のプラントル教授のたてた楕円翼理論を忠実にフォローしたものであった。

私のテーマはこのオーソドックスな翼に対する挑戦である。

糸川さんは、『私と戦闘機「隼」』（文春ノンフィクションビデオ）でも、次のように語っている。

一番やりやすいのはね、翼の一番前を一直線にすることなんです。九七、隼、鍾馗は横から見ると全部一直線なんです。前を一直線にして後ろを下げるというカタチにすることによって、1枚の翼で、複葉とまったく同じ性能を出すことができる。その設計思想は、一番はじめに、九七で、次は隼、鍾馗、疾風までに引き継がれて、全部変わっていません。

1枚の翼で複葉機の性能を持つように考えられた翼は、胴体につく側の部分と外側の部分の設計を変えることで実現する。つまり、上下に並んでいる2枚の翼が横に並んでいると考え、胴体つけ根に近い中側の半分で一つ、翼の先端部分の外側の半分で一つの翼という構造を設計（特に断面の形状）することで、複葉とまったく同じ性能が出せるというのだ。

水平飛行のときは外側の翼で飛び、旋回（空戦）に入ったら中側の翼が働くことで、単葉機でも複葉機と同じ旋回性能を出すことができる。この複葉機の上下2つの翼の機能を水平にする（組み合わせる）ことで、旋回しても失速せず、簡単に敵機の背後に回り込み機銃を浴びせることが可能となる。

プラントル理論に忠実な堀越二郎氏らとは対照的に、糸川さんはプラントルの翼理論を超えようとした。その成果が、九七式戦闘機だった。単葉なのに複葉と同等の性能を出す翼は、糸川さんの最初のイノベーションとなった。

この翼理論のイノベーションの背景には、海軍から依頼されて糸川さんの先輩が設計した急降下爆撃機に試乗した1人のテストパイロットの死があった。

飛行機は、水平飛行のときは主翼の先端の25％から24・5％くらいのところに風圧の中心がくるため、そこに重心を持ってくる。急降下すると、それが60％後ろにずれる。したがって、水平飛行のときは前、急降下のときは後ろを支える2本の桁で強度を保つ。しかし、艦載機なので、重くなると離艦できなくなる。

先輩はこの問題を解決するために、米国の有名な学者の考えた理論を応用し、風圧が中心に移動しない翼を設計した。しかし、この方法では水平飛行も急降下もうまくいくが、旋回中に翼の振動と機体の振動が共鳴し、コンマ7秒ぐらいで空中分解する。実際、テストパイロットが即死してしまった。

糸川さんはこの失敗を徹底的に研究した。失敗した翼は旋回中に翼のへこんでいるところに風が当たり振動を起こす。それなら、へこんでいるところを平らにすると、翼のカタチが変わり、風圧中心が移動する。風圧中心が移動しないように翼をデザインすると、振動は起きないから空中分解はしない。

流体力学の専門家でないと中身の技術論はよくわからないが、ここにも糸川さんのイノベーションの重要な要素が含まれている。それは、1人の先輩の一生を左右するような大きな失敗があって、その失敗を研究することで、新しい翼（飛行機）が誕生したということだ。つまり、糸川さんのイノベーション理論である「創造性組織工学」の重要なフェイズである失敗研究の萌芽（ほうが）が、このときに生まれている。『糸川英夫の創造性組織工学講座』の第8章「失敗の研究」に詳しく書かれている。

イノベーションの前提

糸川さんのイノベーションの軌跡を振り返ると、まず「自分は他の人とは違う」という感覚が少年期からあったようだ。その感覚から反逆の精神が生まれ、昨日までの常識に挑戦し、新しいイノベーションを生み出す。

組織工学研究会時代からの私の同年代の仲間である渋谷忠、門脇徹の2人は、異口同音に「糸川先生は偉大だけど、変人だった」と語っている。IT企業で働いていた門脇は、あるとき、「ITなんか、やめておけ。馬車に乗ったほうがいい」と糸川さんに言われ、驚いたという。晩年、糸川さんはクラシックバレエに真剣に取り組むなど、偉大なる変人として生涯を通している。

プラントルの翼理論に反逆し、東大航空学科の先輩でもあった堀越二郎氏らと自分は違うという思いから、一直線の翼理論を生み出した。常識や慣習に対する反逆の精神、自分は他の人とは違うという感覚から、すべてが始まっている。これを糸川さんのイノベーションの第2法則「反逆の法則」と呼ぶ。

糸川さんが中島飛行機に入社して最初に設計したのは、翼ではない。九七式戦闘機（キ27）のペラ（プロペラ）だった。1本は従来通りの設計で、リンドバーグが大西洋単独無着陸横断飛行したときのライアン機に使用されているものだ。

もう1本は糸川さんのオリジナルで、固定ピッチなのに可変ピッチに似た性能を発揮した。このことは、上司の小山主任技師には内緒にしていたらしい。2本をテストしてみると、糸川さんのオリジナルペラは地上運転で回転が出すぎた。この結果に、小山主任技師は興奮したという。

糸川さんは自分が考えた翼理論を実践する際、いきなり戦闘機の翼を設計したわけではない。ペラなら1本をダメにしても安いもの。まずペラでこの翼理論の原理を試したのだ。すると、性能が従来品より数段向上し、小山主任技師を驚かせることになった。

糸川さんの設計したペラは、奇跡のプロペラとして認められた。これによって、糸川技師補は上司である小山主任技師に認められた。次なる使命は、旋回戦闘（巴戦）のとき、複葉と同じような性能を発揮できる主翼を考えることだった。

糸川さんは単純に考えた。最初から戦闘機を作ったら費用もかかる。しかし、ペラなら安上がりで何個も実験できる。後年のペンシルロケットでも、鉛筆サイズの安上がりなものを何本も飛ばし、ロケット関数を導いた。最初から大きなロケットを作るより、まずは小さなもので実験することを優先した。

スタートアップでは、ムダのない起業プロセスでイノベーションを生み出すリーンスタートアップというマネジメント手法がある。そのなかにＭＶＰ（Minimum Viable Product）という手法があるが、糸川さんのペラはＭＶＰ、実用最小限の製品、つまり仮説を検証するためのプロセスという位置づけになる。

組み合わせのイノベーション

九七式戦闘機（キ27）の翼は、単葉機でも複葉機と同じ旋回性能を出すだけでなく、固定脚が付いている。ノモンハンで戦ったソビエト連邦の最新鋭機Ｉ－16戦闘機が、世界最初の実用的な引込脚を備えていたように、当時は可変ピッチプロペラ、引込脚、離着陸用フラップの実用化への技術革新の大きな転換期だった。

しかし、九七式戦闘機は、引込脚ではなく旧式の固定脚を採用した。飛行時に車輪が翼にしまい込まれないものだ。世界のトレンドである引込脚でなく固定脚の採用は、社内はもちろん陸軍からも反対が多かったという。固定脚にすることで油圧装置の分だけ翼の面積が少なくなり、空気抵抗が減る。

さらに、他国の戦闘機は世界のトレンドである引込脚に固執する（環境研究）と未来予測をしたのだ。敵機よりも運動性に優れている方が必ず勝つという確信が、糸川さんにはあった。もちろん、引込脚の技術はすべて持ち合わせていたにもかかわらず、採用しなかった。

小山主任技師は、糸川案の固定脚を強力に支持した。そのため糸川さんは、固定脚の搭載は小山さんとの合作によるものだと語っている。固定脚は従来からあったのだから、イノベーションではないと思われる人もいるかもしれないが、固定脚と糸川さんの新しい翼理論の組み合わせにより、プラントルの翼理論に対抗できる運動性能を持つイノベーションになった。つまり、2つの異なったものの組み合わせから生まれたイノベーションなのだ。

上司である小山主任技師が糸川さんの設計した高性能なペラ（プロペラ）を見て以降、2人の上下関係は薄れている。小山さんが技術者として糸川さんを認めたからだ。ここに、2人のペア・システムが成立したことになる。

ペア・システムのメリット

ペア・システムとは、糸川さんが考えたイノベーションを生み出すための体系である創造性組織工学の1つの手法である。糸川さんは、イノベーションは2つの異なったものの組み合わせから生まれるという捉え方に加え、異なる人のペア・システムが導き出しているものとしても捉えている。

少し寄り道になるが、ペア・システムについてここで触れておく。『糸川英夫の創造性組織工学講座』にも詳しい説明がある。

ペア・システムとは、2人がペアで仕事をすることを指す。ペアになる2人はお互いの専門が違うか、ウマが合うことが条件になる。専門が違い、ウマが合えば最高の組み合わせだ。年齢差は関係ない。ペア・システムには深い意味が4つある。

1つは異質性が創造性を生み出すということだ。ペアである2人がキャッチボールをしているとすると、外れたボールが来たとしても体を伸ばしたり、縮めたりして受け取る。これによって、身体の筋肉は普段使う以上の範囲で動くことになる。この筋肉の可動範囲の伸長を、脳みそに応用したのがペア・システムだ。

自分の過去の経験からの常識的な思考の範囲内で考えると、行き詰まってしまうことがある。ペアの相手の異質性が高ければ高いほど、自分の考えをずらす幅が大きくなる。また、やりとりされた人も、大きくずらして受け取る必要性が出てくる。

そのため、10の能力のある人と10の能力のある人がペア・システムになると、10＋10＝20ではなく、能力の相乗効果が働いて10×10＝１００になる。結果的にお互いの固定概念は崩れ去り、異質性が創造性を生み出すことになるのである。

2つめはペア・システムによる創造性から、「和」が生まれるということだ。一般的に日本では、人が集まる組織は同質性のもの同士が集まる傾向がある。たとえば、理系同士、文系同士が集まり、多元的無知や同調圧力が渦巻く集団になることがある。極端な場合、仲良しクラブとなってしまう。そんなとき、ペア・システムは効果を発揮する。

イノベーションが得意な理系の人とマーケティングが得意な文系の人がペア・システムになることで、組織の最小単位である2人の組織が成立する。次にそれを4人にし、次に8人へとペア・システムを次から次へと作り上げる。

異質性が高ければ高いほど、創造性が生まれる。それだけではなく、ペア・システムの人が集まる組織は、異質な人が混在するハーモナイズした和の組織となる。

3つめは、サクラの効用があることだ。ペア・システムの良さは、相手がいつも異なった反応を示すことにあるだけではない。お互いに気心が知れているから、強力な味方になるという強みがある。

会議が開かれ1人がアイデアを出す。誰も何も言わなければ、そのアイデアは消え去る。しかし、ペア・システムの相棒が「それはいい、私もそう思う」と言ってくれると、不思議なもので、次第に同調者が増えてくる。サクラの効用が生まれるのだ。

4つめは、仕事の連続性だ。病気で入院、海外出張など、ペア・システムの一方が仕事から離れるときがある。ペアでコミュニケーションが盛んになると、たとえ専門が違ったとしても、相手の知識が知らず知らずの間に身につくことがある。まさに「門前の小僧習わぬ経を読む」だ。

さて、話を固定脚に戻そう。引込脚は当時の世界のトレンドで、社内はもちろん、陸軍からも固定脚の搭載には反対が多かったにもかかわらず、小山主任技師が固定脚を強力に支持したことで、ペア・システムにおけるサクラの効用が働き、九七式戦闘機は固定脚が搭載されることになった。その結果、九七式は抜群の戦闘能力を持つようになった。

九七式はバランスのとれた機体で速度も上昇力も並以上だったが、水平旋回したときの鋭さは世界最高だった。新人が乗っても簡単に操作できるほど素直で操作しやすく、ロール運動していても軸がぶれないため、狙った方向に機銃弾を撃ち込むことができると評価された。

顧客は誰だ

戦闘機の発注者は軍だ。中島飛行機の場合は陸軍、三菱重工は海軍だ。そこで要求性能が決められて各社に伝えられる。当時、海軍と違い陸軍のパイロットは旋回による格闘戦を好んだという。

戦闘機の目的は「機関銃を搭載して敵の飛行機を撃ち落とす」というシンプルなものだ。つまり、すでに陸軍により目標設定は終わり、要求性能も決まっている段階から始まるのが戦闘機の設計になる。そこで糸川さんが行ったのは使命分析だ。

ここでの使命分析とは、戦闘機の使命を明らかにすることだ。そのため糸川さんは明野

（三重県伊勢市）の飛行学校に足を運んで、2、3年後の顧客であるパイロットの卵の話を聞いた。なぜ、パイロットの卵かというと、飛行機の設計が終わり、量産し、デリバリーされるのが2～3年後だからだ。

パイロットの卵に話を聞いて、意外なことがわかった。戦闘機はスピードが第一と思っていたが、彼らはスピードはいらないという。

「敵はこちらが止まっていても、向こうから接近してくる。向かってきた敵を落とせばいい。敵に追いかけられても逃げるな。向かっていって落とせ。その代わり、逃げる敵は追うな。『逃げるを追わざるは、武士道の伝統なり』と語っていた」という。

向かってきた敵の戦闘機を落とすのに必要なのは何か。向かい合って戦闘をするとなると、必ず1回旋回するので、できるだけ小さい半径で旋回して敵の後ろをつくと有利になる。したがって、戦闘機の使命からすると、搭載する武器はさておき、とにかく旋回半径をより小さくすることが使命となる。

そこで九七式戦闘機は、確実に後ろに回り込むために機体を軽くし、スピードは考えに入れなくてもよく、空気抵抗はあってもかまわないということになる。複葉は旋回時に失速しないが、プラントルの翼理論で設計した単葉では失速する。しかし、糸川さんの考えた一直線の翼は、複葉とまったく同じ性能を出す単葉なので失速しない。この使命分析がノモンハン事件の空中戦を勝利に導いたのだ。

複葉の性能を持つ単葉・固定脚

ここまでの思考の流れを図1に示した。

戦闘機の場合、目標設定は終わっている。したがって、顧客からインサイトを探り出し、技術情報バンクで実現可能性を調べ、さらに世界のトレンドからの環境研究（世相の変化）を予測し、使命分析から設計方針を決める。

フェイズ1　顧客とは誰か、陸軍か？　パイロットか？　↓パイロットの卵（顧客）

フェイズ2　ニードは何か、敵と遭遇すれば一触で切る↓

図1　インサイトから使命分析までの流れ

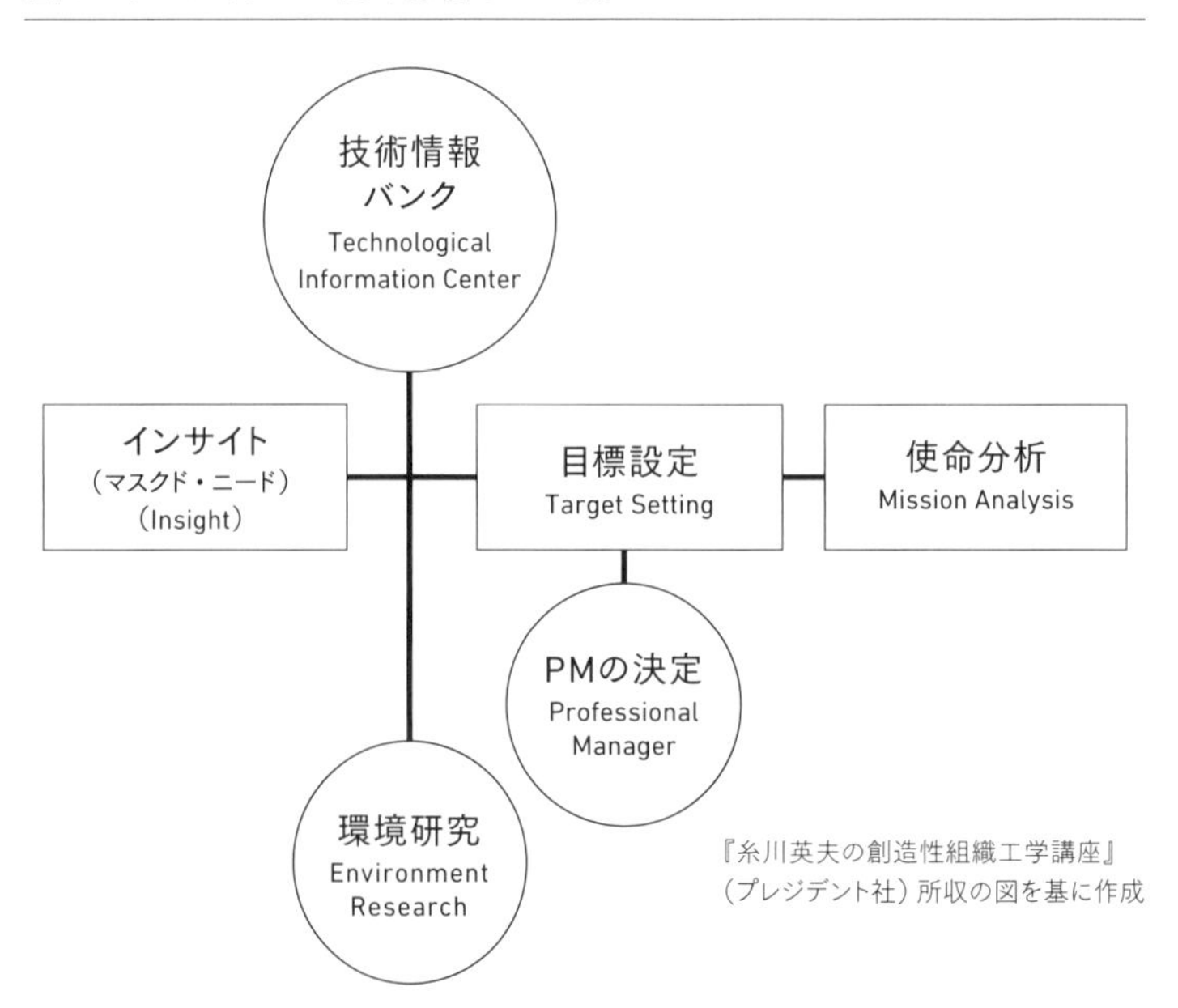

『糸川英夫の創造性組織工学講座』（プレジデント社）所収の図を基に作成

インサイト

フェイズ3　引込脚、固定脚、単葉→技術情報バンク（当時の最先端技術データベース）

フェイズ4　世界のトレンド→環境研究（未来予測）

フェイズ5　戦闘機の目的、要求性能は決定済み→目標設定

フェイズ6　実は極限の旋回性能が必要だった→使命分析

（注）インサイトは、人を動かす隠れた潜在ニードを指す。消費者自身も気づいていない無意識の心理。

この順番は、図1のように一方向に流れるだけではない。糸川さんが、陸軍の要求性能を前提にして使命分析から入ったように、全体を視野に収めつつ、必要に応じて前のフェイズに戻ったり、先のフェイズを検討したりすることが必要だ。あらゆるプロジェクトの成否は、この使命分析と目標設定にかかっている。ここが間違っていると、全体が崩れてしまう。

糸川さんの逆さ文字、イノベーションの第1法則である「手のひらの法則」を思い出してほしい。九七式戦闘機を発注したのは陸軍だ。しかし、糸川さんは最初に明野の飛行学校に行った。糸川さんにとって、逆さ文字を書いて勉強を教えた五郎君に当たる顧客は、パイロットの卵だったからだ。

このとき、糸川さんの手のひらには、飛行機を設計する能力があった。その能力を与えるのは、将来のパイロットたちだった。糸川さんは使命分析に何カ月もかけた。九七式戦闘機という飛行機の使命を明確にすることを重視した。

糸川さんのイノベーションは、半導体があるからラジオや補聴器を作ろうというシード志向ではなく、何が求められているのかを探るニード志向で組み立てられている。

超LSI技術研究組合の限界

中島飛行機は、陸軍からの性能要求に合わせて納品をする。つまりB2Bビジネスである。しかし、九七式戦闘機で糸川さんが顧客であるパイロットの卵からインサイトを探ったように、B2Bビジネスにおいてもインサイトがいかに重要かということもまとめておく。

糸川さんのイノベーションでは、ニードとインサイトを分けている。インサイトとは、いまは覆面をかぶっているマスクドニードを指す。英語の「Hidden Needs」（潜在ニード）と同じものだ。スティーブ・ジョブズに次の名言があるが、これがまさにインサイトを表現したものだ。

「消費者に、何が欲しいかを聞いてそれを与えるだけではいけない。製品をデザインするのはとても難しい。多くの場合、人はカタチにして見せてもらうまで、自分は何が欲しいのか、わからないものだ」

糸川さんのイノベーションとは異なり、顧客のインサイトから考えることなく、競合を意識し過ぎて、ニードの変化を考えなかった失敗事例は多い。『糸川英夫の創造性組織工学講座』で紹介されたケースはこうだ。

１９７６年、超ＬＳＩ技術の開発を目的に、超ＬＳＩ技術研究組合が発足した。４年間のタイムリミットで、７００億円の資金が投じられる計画だった。このプロジェクトは、各メーカーの出向者を集めた研究所を持った点で特異なものだった。

当時、64ＫビットＤＲＡＭから1メガビットＤＲＡＭへ集積度を上げることがテーマだった。巨人ＩＢＭが革新的なコンピュータ製品系列を開発し、ソフトウェア開発を単純化する新たなモデルの開発を目標とするプロジェクトに着手していた。

ＩＢＭの革新的なハードに超ＬＳＩが実装されるのではないかという競合情報から、単独では太刀打ちできない日本の各メーカーは焦っていた。そこで当時の通産省（現経済産業省）が主体となって超ＬＳＩ技術研究組合がスタートした。

組合には、富士通、日立製作所、三菱電機などの技術者が出向した。このプロジェクトは成功を収め、その結果、１９９０年代に日本の半導体産業は世界ナンバーワンとなった。だが、このプロジェクトは、強力なライバルＩＢＭを意識したシード志向だった。

ニードの変化

私は超ＬＳＩ技術研究組合の研究が終わった後の１９８３年、大学をドロップアウトして名古屋市内でＩＴ企業を起業した。アスキーの西和彦さんやソフトバンクの孫正義さんが創業して間もない頃だ。日本のＩＴ業界は１９７０年代後半から始まった。

それ以前は、ホストコンピュータと呼ばれる大型コンピュータの全盛時代だった。当時、富士通や日立といった国産メーカーも強かった。ところが、１９８０年代に大きな変化が生まれた。アップルやマイクロソフトなど、パソコンメーカーやソフトウェアメーカーが相次いで日本市場に参入した。

注目すべきは、超ＬＳＩ技術研究組合の研究が終わった後、急速に半導体を必要とする製品ニードが変化していることだ。日本の半導体産業が全盛だった１９９０年代、パソコンビジネスが急速に拡大していた。その萌芽は、１９７０年代後半にはすでにあった。つまり、インサイトとして存在していた。それを敏感に感じ取った西さんや孫さんは、パソコンをベースにビジネスを展開していた。

いま官民挙げて復活をめざしている日本の半導体ビジネスだが、凋落した原因がインサイトを発見できなかったことにあったという過去の反省をしているのかどうか。インサイトがなければ、再び超ＬＳＩ技術研究組合の二の舞いになるだけだ。

なぜ、糸川さんのイノベーションがシード志向ではなくニード志向で、しかもインサイトの発見をスタートラインにしているのだろう。

九七式戦闘機の発注先は陸軍だったが、糸川さんは明野の飛行学校のパイロットの卵への「デプスインタビュー」によって、「敵を一触で切る」というインサイトを発見した。九七式戦闘機の開発では、使命分析に何カ月もかけた。

「師（取引先）を見るな、師（取引先）が見ているものを見よ。そして、インサイトを発見せよ」

これが糸川さんのイノベーションのスタートラインだった。

「手のひらの法則」と「反逆の法則」

母・梅子の適切なアドバイスによって、小学校2年の糸川少年に病気がちの五郎君に勉強を教えるという使命が芽生える。糸川少年には学校の勉強を理解して教える能力があり、それを五郎君に与えた。

日本が全面的な世界戦争に突入していくとき、糸川さんには飛行機を設計するという能力があった。この能力が、糸川さんの手のひらに乗っていた。自分の才能をパイロットの卵に与えるという使命から、単葉で複葉の機能を持つ一直線の翼というイノベーションが生まれた。

イノベーションを生み出すためには、相手の立場に立たなければならないという仮説が生まれる。それが、イノベーションの第1法則「手のひらの法則」である。

ここで言う相手とは、人だけではない。対象が動物であれ、微生物であれ、自然であってもいい。ただ、与えるものが従来からあったものでは、イノベーションにはならない。

糸川さんは過去から繰り返されている常識への反逆の精神や、他人と自分が違うというスタンスから、主流派の翼理論にこだわらず、複葉の上部翼と下部翼の機能を組み合わせた一直線の翼を生み出した。それがイノベーションの第2法則「反逆の法則」である。この法則はその後も、糸川さんによって遺憾なく発揮されていく。

第6章 鍾馗・九七式艦攻とイ号爆弾計画

パイロットのニード

運動性能に優れた九七式戦闘機は、いとも簡単に敵機の背後に回り込んで機銃を浴びせかけ追撃することで、ノモンハン事件での航空戦で大勝利を収めた。しかし、その成功体験が語り継がれ、パイロットの中に格闘至上主義が常識化してしまった。陸軍のパイロットの頭の中には、武蔵と小次郎の決闘が格闘戦のイメージとして定着していた。

しかし、ノモンハン事件の後半になると、格闘戦では九七式に勝てないと判断したソ連空軍は、新戦法で対抗した。I－16より性能が劣るI－15を囮（おとり）にして九七式戦闘機を低空に誘い込む。そこに上空から丈夫な機体の重戦闘機I－16が急降下しながら銃撃し、そのまま急降下を続けて逃げていく、一撃離脱方式で対抗した。後に零戦もこの方式に苦しめられることになるが、陸軍はこの戦法への対策を徹底しなかった。

ノモンハン事件が起きた1939年、ナチス・ドイツがポーランドに侵攻した。第2次世界大戦の勃発である。

糸川さんは九七式の開発後、キ43（隼）の開発に加わる。陸軍からの要求性能は、「最高時速500キロ、空戦能力は九七式かそれ以上」というものだった。高い運動性能と高速度という矛盾する要求を満たすことが求められた。

中島飛行機の社内では、九七式で実現した旋回性能重視から脱却して、高速度、高上昇力、高火力の重戦闘機に行くべきだという議論があった。ところが、陸軍のパイロットが伝統的な格闘戦を好んだことから、この難度の高い要求性能につながった。

発注者の陸軍側にも明確なイメージのないまま、中島飛行機1社指名でキ43（隼）を作ることになった。しかし、1年後に完成した試作機は、九七式に比べて速度が30キロ上回っているだけだった。格闘戦では速度の優位性がなく、パイロットはキ43を九七式より劣り、使いにくいと酷評した。

その後、キ43は改造を繰り返したが、どっちつかずの設計となり、審査に2年も要した。キ43の設計室は、「なんでこんな要求をするんだ」と文句ばかりだったという。

ところが、キ43は糸川さんがキ44（鍾馗）で開発した「蝶型空戦フラップ」を採用することで空戦性が改善される。九七式では、翼を一直線にし、水平飛行のときは中心から外側の翼で飛び、旋回するときは内側の翼で旋回する方式だった。この方式は、キ43にも引き継がれた。糸川さんの考案した蝶型空戦フラップを内側に取り付けることで、キ43の旋回性能はさらに高まった。キ43はパワーアップしたエンジン「ハ25」(栄)を搭載し、1941年制式採用となる。4月に量産がスタートした。日本海軍による真珠湾攻撃は、その年の12月8日未明だ。

キ43は、国民投票で一式戦闘機「隼」とネーミングされた。生産に入る時期が太平洋戦争に突入したタイミングとなったことで、隼は量産されることになった。隼に乗った加藤隼戦闘隊などパイロットの技量が交戦国パイロットに比べて優秀だったこともあり、航空戦で優勢を保ち、隼の名機としての評判が高まった。

結果的に、隼は陸軍の戦闘機としてはナンバーワンの5751機以上量産され、海軍の零戦と並んで一世を風靡(ふうび)したが、設計者の1人である糸川さんにとっては、隼は中途半端な設計という意識が強かった。設計者にとって、飛行機の設計は芸術的なものであり、中途半端を好まないのだ。

因みに、小惑星探査機「はやぶさ」は、小惑星のサンプルを採取する姿が、狩りをするハヤブサを連想することから名づけられたもので、糸川さん設計の隼からの命名ではない。

ブランコからの発想

隼があまりにも中途半端な性能要求なので、中島飛行機社内では並行して重戦闘機に徹した機体を開発すべきだと、独自案のキ44（鍾馗）の開発を進めていた。太平洋戦争での日米の空での戦いは、高速度、高上昇力、高火力のスピードを重視した重戦闘機への移行を必要としていた。

鍾馗の競合は、ドイツのメッサーシュミットBf109だった。スピード、火力、上昇力の3要素で劣れば、陸軍はメッサーシュミットBf109を量産する、と中島飛行機側に通告していた。九七式戦闘機が近距離の格闘戦を想定して設計されたのに対し、鍾馗は遠距離から火力で撃破する想定で設計された。この2機は設計思想が両極端の戦闘機だった。後年、糸川さんは鍾馗を自身の最高傑作だと語っている。

鍾馗の開発に着手する前、糸川さんは設計者としてスランプに陥っていた。九七式戦闘機、九七式艦攻、隼の設計で寝る暇もなかった時期を過ぎると、戦闘機を設計しても爆撃機を設計しても、最終的に同じ形になってしまう。基本的な設計の理念やアイデアが進歩していないため、寸法の違う同じような形のものになってしまった。

開戦直後の大変な時期だったが、糸川さんは医者に結核の偽診断書を作ってもらい、会社を1カ月休み、富士山の麓（ふもと）の御殿場の鄙（ひな）びた旅館に泊まり込んだ。

「若い男が兵隊にも行かず、毎日松林の中を歩いている」「自殺志願者ではないか」と村人が駐在所に通報した。お巡りさんが旅館を訪ねて来て、糸川さんの身分から旅行の目的までを根掘り葉掘り聞いていった。

その頃、村の空き地でぼんやりブランコを眺めていると、2台のブランコが並んでいて、2人の子供が乗っていた。1人は台の上に立ってブランコを振っていたが、もう1人は台に座って本を読んでいた。2台のブランコは1本の横棒にぶら下がっているので、座っている子供のブランコは、自分で振らなくても反対方向に揺れる。

このブランコの動きを見て、糸川さんに新しい設計思想が閃く。

飛行機は、機首を上下させるための舵（昇降舵、エレベータ）、機首を左右に動かす舵（方向舵、ラダー）、飛行機を左右に傾ける舵（補助翼、エルロン）の三つで操縦する。方向舵で飛行機を左右に動かすと、どうしても舵を切った方向に機体が傾く。そのたびにパイロットは補助翼でそれを修正する必要が出てくる。機首を一定方向に向けておくことは難しく、それが敵機に向いていないと、機関砲での射撃が外れてしまう。

この機体の傾きは、方向舵がある垂直尾翼と水平尾翼と主翼が、ブランコと同様、1本の棒である胴体に連結しているから起きるのではないか。それなら、2台のブランコを別々の棒で独立させてしまうように、垂直尾翼と水平尾翼と主翼をできるだけ離してしまえばいいのではないか。糸川さんは、この仮説を思いつく。

そうすれば、方向舵の操縦、補助翼の操縦などの神経が断ち切られ、物凄いスピードと同時に物凄い命中精度と上昇力になる。糸川さんは休暇を切り上げ、急いで会社に戻って設計に取り掛かった。

出来上がった飛行機は、垂直尾翼と水平尾翼が同じ位置についているのではなく、水平尾翼がずっと前の方にあって垂直尾翼はずっと後ろにある。主翼の長さが極端に短いものになった。これが、糸川さんの最高傑作である鍾馗の設計思想だ。

現在のジェット戦闘機は、主翼を短くして水平尾翼（三角翼）を主翼に近づけることで、操縦性を高めている。理屈は同じだ。隼と九七式と鍾馗を比較すると、その違いは一目瞭然だ。

競合メッサーシュミットを上回る性能

中島飛行機独自案の高速度、高上昇力、高火力のスピードを重視した重戦闘機である鍾馗は、「メッサーシュミットBf109」との開発競争となった。

競争に負けると、中島飛行機はメッサーシュミットを量産することになる。「Bf」とはバイエルン航空機製造という航空機メーカーを指し、メッサーシュミットとは、設計者ウィリー・メッサーシュミット（1898〜1978）のことだ。

糸川さんは、メッサーシュミットの生い立ちから結婚、子供が何人かまで調べた。その結果、出した結論は、「安全第一のメッサーシュミットが設計する飛行機の主翼幅は、10

メートルを切ることはない」というものだった。主翼幅のスパンが短いほど、スピードが出る。限界を超えて短くすると墜落するが、それをギリギリ1ミリ単位で短くした方が勝ちだ。

鍾馗は日本初の重戦闘機として、メッサーシュミットを性能で上回るために、主翼幅を9・6メートルにした。これを決めた糸川さんは、心配でしばらく寝られなかったという。九七式戦闘機や隼、鍾馗の主翼は水平ではなく、上反角があるので、鍾馗の全幅はモデルにより多少違うが、9・45〜9・50メートルの間だ。隼が10・837〜11・437メートル、九七式戦闘機が11・31メートルなので、明らかに鍾馗は短い。

競合したメッサーシュミットBf109の全幅は、9・87〜9・924メートルだった。10メートルは切っているが、鍾馗の方が短い。

岐阜県各務原での飛行テストでは、鍾馗はスピード、上昇力、火力でメッサーシュミットBf109を圧倒した。負けたメッサーシュミット側は悔しがって、こう言い放った。

「ドイツの飛行機が、日本なんぞに負けるはずがない。メッサーシュミットが負けたのは、これを設計したとき、ドイツの空気に合わせて設計したからだ」

鍾馗は量産に入ったが、最終的には1225機の生産にとどまった。理由は、着陸が難しかったからだ。着陸速度は時速100キロ以内が、多くのパイロットの原則だった。時速100キロを超えると、三点着陸ができないため、脚が折れてしまうのだ。

「こんなに脚が折れる飛行機はいらん」

鍾馗は、パイロットに嫌われた。飛行機はぱったり売れなくなり、生産台数も伸びなかった。因みに、メッサーシュミットBf109も着陸が難しいという欠点があった。

ここで糸川さんのイノベーションの第1法則である「手のひらの法則」で考えてほしい。九七式戦闘機を作るとき、糸川さんは明野の飛行学校にいるパイロットの卵を顧客として、インサイトを発見し、使命分析を行って設計したことは、図1で説明した。

これに対し、鍾馗はユーザー不在で、競合メッサーシュミットBf109を意識し過ぎている。「手のひらの法則」は、五郎君や明野のパイロットの卵のように、与える相手がいて成立する。糸川さんが全知全能を傾けて設計した最高傑作機の鍾馗は、「手のひらの法則」によるイノベーションではなかったとも言える。

しかし、鍾馗をB29など敵の爆撃機への迎撃機として考えると、話は違ってくる。1944年、中国大陸から発進したB29が北九州を襲った。重戦闘機である鍾馗が、迎撃機として出撃したが、高度1万メートルを超えて飛ぶB29に対し、8000メートルが限界だった鍾馗はB29の迎撃に失敗した。

鍾馗に与えられた使命は、本土防衛のためにB25やB29などを迎え撃つことだった。迎撃機の顧客は、パイロットというより、敵の爆撃機による無差別攻撃の犠牲者になる国民だ。鍾馗の設計思想であれば、さらに改良することでB29を60%は落とせたという意識が糸川さんにはあった。

再び、鍾馗を「手のひらの法則」で考えると、その使命は日本国民を敵の爆撃機から守ることにあり、顧客は日本国民だった。糸川さんにとっての鍾馗は、改良の余地はあったものの、その設計思想からして最高傑作だったのだ。

世界に先駆けた？　ジェットエンジン構想

鍾馗がB29を迎撃できなかった理由については、次のように言われている。B29は機体が頑丈なうえ、多数の機銃で弾幕を張っている。高高度でも任務が遂行できるように、機内の気圧が地上に近い状態に保たれていた。排気タービン過給器（ターボチャージャー）のおかげで、高度1万メートルを超えて飛んでも性能が落ちなかった。

通常の日本の戦闘機が高度1万メートルを飛べば、パイロットは低温と酸欠で気絶し、エンジンは気圧の低下と酸素不足で馬力が出ず、墜落する。電熱服や酸素発生装置をパイロットに装着すればなんとかなったかもしれないが、B29のような排気タービンは当時の日本ではまだ開発できなかった。その結果、鍾馗はB29の高度まで追いすがることができなかった。

この彼我の性能格差を前に軍部が考え出したのが、武装や防弾板など飛行に不要な装備を全部取り外し、身軽になってB29に体当たりする震天制空隊だった。空の特攻隊だ。

糸川さんは、戦闘機にジェットエンジンを搭載しようと考えていた。中島飛行機に入社して3年目の1937年、軍の技術将校が、ドイツの航空機に関する情報を持ち帰った。ジェットエンジンがなかった時代のことだ。

航空機のエンジンの排ガスは高温になるため、当時の日本の飛行機は、熱で胴体を傷めないように排ガスを斜め横に出すようにしていた。ところが、技術将校が持ち帰った資料には、ドイツの飛行機は排気管を胴体につけてまっすぐ後ろに出すことで、ガスを排出した反動により、出力を10%もアップさせたというデータがあった。

糸川さんは、中島飛行機内に小さな研究室を作って実験してみることにした。つまり、排ガスぐらいで10%もアップするなら、これを100%にしてしまえば、プロペラもピストンもいらなくなるのではないかと妄想したのだ。

時速600キロを超えると、プロペラの回転速度が音速を超えてしまう。その際、スーパーソニック現象（超音速）が起きるため、プロペラを特別に設計しなければならなくなる。そんなプロペラで悩むくらいなら、なくしてしまえばいいという発想だ。

糸川さんが作った実験装置はタービンを回して空気を圧縮し、そこに燃料を噴射して点火する方式だった。いまのジェットエンジンと同じ原理だ。しかし、当時の溶接技術では高温に耐えきれず、20秒ぐらい運転するといつも爆発した。実験室が木造であることから、社長から「危険だからやめろ」と命じられた。糸川さんは平然と、「消火器があるから大丈夫。事故で死ぬのは私1人だから」と実験を続けた。

翌月、出張から戻ってみると、糸川さんの研究室は跡形もなく消えていた。危険を感じた会社側が留守中に勝手に始末してしまったのだ。糸川さんはこの出来事をきっかけに、中島飛行機を辞める決意を固めた。真珠湾攻撃を控えた1941年8月、糸川さんは中島飛行機を退社する。

糸川さんには、イノベーションの第2法則「反逆の法則」が働いていた。ジェットエンジンに取り組んだ糸川さんは、強制的に実験室を撤去されるまで、会社の反対を押し切って実験を繰り返したのだった。

この話には後日談がある。1990年、糸川さんは英国ケンブリッジ大学を訪れた。なぜ古典力学や量子力学の世界を揺るがすようなサイエンスがケンブリッジ大学で生まれたかという疑問を持っていたからだ。

オックスフォード大学が多数の優れた政治家や社会科学者を輩出しているのに対し、ケンブリッジ大学は、万有引力の法則のニュートン、進化論のダーウィン、原子物理学のラザフォード、量子力学のディラック、DNAのクリック、宇宙論のホーキングと、自然科学の定理・公理を発見した学者を数多く輩出している。

案内役の博士が、糸川さんの経歴を見て、ジェットエンジンを開発したフランク・ホイットル（1907〜1996）の名前を冠したホイットル研究所に案内してくれた。糸川さんとしては、基礎科学を視察したかったようだが、断るのも失礼だと研究所を訪問することにした。

そこで会ったヤングという工学博士に、中島飛行機に入社して3年目の1937年に着手したジェットエンジンの実験の話をしたところ、相手は血相を変えて、「それは1937年に間違いないか?」と念を押されたという。

ホイットルがジェットエンジンの原理を考え出したのは、1939年のことだという。それが事実なら、世界で最初にジェットエンジンの原理を考え、実験したのは糸川さんということになる。糸川さんに確認したヤング博士は「歴史を書き直さなければならない」と語った。

ホイットルは、ジェットエンジンを完成させて特許を取得している。それはそれとして、「誰が最初に考えたか?」が重要なのだ、という価値観がエンジニアを養成する工学博士にはあった。

ケンブリッジ大学の研究所入り口には、必ず「神の御わざは偉大なるかな。そこから得られるものを人間が知ることに勝る喜びが他にあるだろうか」という旧約聖書の言葉が掲げられていた。宇宙を支配するたった一つの真理が存在し、人間がそれをつかむことが喜びであるという一神教的思想が浸透している。宇宙を支配している唯一絶対的なものが存在するという信念がないと、物理学の法則は生まれにくい。これぞケンブリッジ大学の精神なのだ、と糸川さんは感慨深かったようだ。

真珠湾攻撃

1941（昭和16）年12月、真珠湾攻撃で太平洋戦争に突入した日本政府は、急遽（きゅうきょ）、エンジニアの数を増加する必要から、翌1942年4月1日に東京帝国大学に第二工学部を設立した。航空学科の教員として、航空機メーカーの技術者などをスカウトすることになり、東京帝国大学第二工学部助教授となった谷一郎先生から、糸川さんに声がかかった。

谷先生は、翼理論や境界層理論などを提唱し、航空機の性能向上に貢献した。日本航空宇宙学会、米国航空宇宙学会名誉会員で、著書に『流れ学』（岩波全書、1951）がある。

糸川さんは東大工学部航空学科で、当時講師だった谷先生の講義を聴いて以来、人生の師として慕っていた。

糸川さんは中島飛行機に入社後も、谷先生の論文にはすべて目を通し、戦闘機の設計時には必ずその理論を念頭に置いて考えた。飛行機というのは、地面の近くでは飛行機と地面の間に空気が入ってしまうことから地面の圧力で浮き上がる。ところが、地面より上の方だとそれがないため、浮力が弱くなる。これを「グラウンド・エフェクト」（地面効果）と名づけた谷先生の論文が発表された。

その頃、糸川さんは航空母艦用艦載機の設計を依頼されていた。航空母艦では、艦載機が発進して飛行甲板から海上面に出ると、揚力が急に落ちる。飛行甲板のグラウンド・エフェクトがなくなるからだ。

糸川さんは、谷先生のグラウンド・エフェクト理論を航空機の設計に応用した論文を学会誌に発表した。すると、NASA（米航空宇宙局）の前身の機関から、機関誌に全訳を掲載してもいいかと、谷先生に許可を求めてきた。

糸川さんは「理論は谷先生が立てたもので、先生の意向で英文にされてはいかがでしょうか」と答えたところ、「糸川君の理論は、実際の設計に携わって初めて書けるものだ。著者は君1人で十分です」と返事が返ってきた。結局、2人の共著としてこの論文は発表されたようだ。太平洋戦争が始まる前のことだ。

800キロの魚雷を積んで真珠湾攻撃に出撃した九七式艦上攻撃機（中島製）は、谷先生の地面効果を応用し、糸川さんが設計した飛行機だった。真珠湾は水深が浅いことから、発射された魚雷が水深10メートル以上深く潜らないようにすることが攻撃の前提となった。そのため、飛行機は超低空飛行で飛行できなければならない。

「この飛行機がなければ、真珠湾攻撃のシナリオは描けなかった」とまで言われたのが、九七式艦上攻撃機だった。この九七式艦上攻撃機から開戦暗号の「トラ・トラ・トラ」が打電されている。

糸川さんが設計にかかわった戦闘機は日本初が多い。外国機と初めて空中戦を戦った九七

式戦闘機、代表作の名機、一式戦闘機「隼」、日本初の重戦闘機「鍾馗」、真珠湾攻撃の主力、九七式艦上攻撃機だ。

糸川さんは常々、「3年遅れてもいい師を探せ」と言っている。自分の人生の生きがいや目標を発見し、使命＝社会的責任を実現するには、本人の努力とともに、数多くの人々の助けを必要とする。そのなかで最も重要なのは、人生の指針を示してくれる師である。人にとっての使命の実現は、人生の師の導きで道筋が敷かれ、パワーアップされると、糸川さんは自らの経験を紹介し、多くの著作で繰り返し語っている。

特攻機設計の依頼

谷先生に招請され、1941年11月、糸川さんは東京帝国大学第二工学部の助教授に就任した。29歳のときだった。この第二工学部は、対米戦に勝利するという国家目的のために設置された。糸川さんは真珠湾攻撃による日米開戦の1941年12月8日から敗戦の1945年8月15日までの期間、第二工学部時代で何を行っていたかを著作に一切残していない。『私の履歴書』に、次の一文を残しているぐらいだ。

後年は、特攻機という、非人道的な技術への反発から、無人誘導弾の研究試作に没頭した。ホーミング、ビームライダー、コマンド、慣性誘導など、今日世界中の軍備システムに組み込まれた技術はほとんど手がけている。

糸川さんが、無人誘導弾を開発していたことは間違いないだろう。中野明著『東京大学第二工学部――なぜ、9年間で消えたのか』（祥伝社新書）によると、糸川さんが語った話として、次の2つのマル秘プロジェクトが明らかにされている。

1つは、ケ号爆弾開発研究会（通称「マルケ」）だ。この研究会は、戦争が敗色濃厚となりつつあった1944（昭和19）年5月から陸軍が開発に着手したもので、熱誘導により敵艦を爆破することを目的にしたものだった。

上空から投下されたケ号爆弾は、高度2000メートル程度で探索し、敵艦船からの砲撃などの熱源を発見すると、その方向に機体を進め、敵艦を爆撃するというもので、決戦兵器の「ケ」をとり、ケ号爆弾と呼ばれた。

研究会は軍産学プロジェクトで進められ、静岡県浜松に試験所が設置された。陸軍科学研究所を中心とする兵器研究部門に、東芝、日立といったメーカーの研究所、理化学研究所、東大航空研究所、京大、東北大、文理大（現筑波大）などが参加した。糸川さんは、東大航空研究所の肩書で爆弾の空力設計に携わっている。

このプロジェクトには、後のファナックの創設メンバーである稲葉清右衛門さん（東京帝国大学第二工学部精密工学科卒業）、日本電気の社長、会長となる小林宏治さん（東京帝国大学工学部）

も参加している。

海軍技術中尉だった盛田昭夫さんと測定器の技術者だった井深大さんは、この研究会で知り合い、戦後、ソニーの前身、東京通信工業株式会社を設立した。ソニーの原点は、ケ号爆弾開発研究会にあった。

ケ号爆弾開発研究会より早い1943年頃に始まったもう一つのプロジェクトが、イ号爆弾プロジェクトである。今岡和彦著『東京大学第二工学部』(講談社)には、糸川さんの証言として、次のように書かれている。

昭和十八年頃に戦局が危うくなって、軍から特攻隊用の飛行機をつくってくれという依頼があった。陸軍参謀本部と海軍軍令部の両方からきたが、私はノーと返事をしました。特攻機に人間を乗せて攻撃に向かっても、途中で撃ち落とされる可能性が強く、ただ人間の犠牲を増やすだけです。それよりは、エレクトロニクス技術を使って、向こうの艦船が出す赤外線をキャッチし、そこに誘導してやって命中させる爆弾をつくれば効果的ではないか。いまのミサイルと原理的にはまったく同じものだが、当時は誘導弾と呼んでいました。目標がアメリカの第五十八機動部隊二百隻とすれば、誘導弾を二百個つくれば全滅できるわけです。そう話したところ、それでいこうということになって、糸川のイをとってイ号爆弾と名付けて開発に入ったわけです。

この誘導弾は、最後のテスト段階で琵琶湖の軍艦島を仮想目的に飛行機から爆弾を命中させるテストを行うところまで研究は進んでいたが、実験の最中に米軍の空襲を受けてメンバー2人が死亡した。1945（昭和20）年8月初め、軍からの指令で急遽東京に帰ることとなり、1週間もしないうちに広島に原爆が落とされた。

「終戦がもう1ヵ月延びていたら、イ号爆弾は完成していたかもしれないな」と糸川さんは語っている。

このプロジェクトは日本の敗戦後、占領軍として日本に進駐してきた米軍が非常に興味を持って調べに来たという。しかし、敗戦の翌日に書類はすべて焼かれ、モノはバラバラにして東京湾に放り込んで処分されてしまったようだ。

今岡著『東京大学第二工学部』では、糸川さんが語った戦争末期にあった〝秘話〟として、次のように書かれている。

あの頃、松岡洋右（元外相）の使いがきて、〝イ号爆弾は完成する見込みがあるか〟と聞くんです。使者は、〝完成の見込みがあるならば、陛下に奏上してポツダム宣言の受諾を延ばしてもらうつもりだ〟と、松岡の口上を伝えるので、一晩寝ないで考えましたよ。技術的には自信があったが、工場がみんな山の中に疎開していて、生産力がほとんどゼロの状態だったから、大量生産はほとんど不可能なんですね。それで、〝試作品はできても、いまの戦争には間に合わないと思う〟と返事しました。その1週間後に終戦になるわけです。

ケ号爆弾とイ号爆弾、この2つのプロジェクトは、糸川さんの東大第二工学部時代の隠されたプロジェクトだが、特攻機という非人道的な戦術への反逆から生まれたものでもあった。

戦後日本を築いた第二工学部OB

糸川さんが1941年11月に助教授に就任した東京帝国大学第二工学部は1942年4月1日に開学し、1951年3月31日に閉学となっている。日米開戦を控えた緊迫した国際情勢にあって、軍部を中心に総力戦体制へと向かうなかで、陸軍、海軍、文部省、企画院の協議から第二工学部が誕生している。後に、「戦犯学部」とも言われた設立の背景には、総力戦体制に貢献する目的があった。

当時の東大総長は平賀譲（1878〜1943）で、海軍造船中将から東京帝国大学教授に就任し、第13代総長に就任している。中野著『東京大学第二工学部』が設立の経緯を詳しく書いている。

わずか9年間しか存在しなかった第二工学部だが、その卒業生たちが俄然（がぜん）、注目された時期があった。ハーバード大学教授のエズラ・ヴォーゲル（1930〜2020）が『ジャパンアズナンバーワン』（広中和歌子他訳、TBSブリタニカ）を出版して、ベストセラーになったのが1979年。日本経済が世界を席巻したかのように見えた時代だった。

その絶頂時代の日本企業を牽引した経営者に、第二工学部出身者が多かったことが注目されたのだ。山本卓眞（富士通）、三田勝茂（日立製作所）、久米豊（日産自動車）、石川六郎（鹿島建設）、近藤健男（三菱商事）、村田一（昭和電工）らだ。名前を挙げるときりがないほど、著名企業のトップを第二工学部卒業生が占めていた。

総力戦要員だった第二工学部卒業生たちは、戦後、一転して工学系の知識を生かして産業界に身を投じ、戦後日本経済に大いに貢献したと言える。ヴォーゲル教授の言う「ナンバーワン」国を築いたのは、彼らだった。別の見方をすると、目的を明確にし、人材を育成すれば、30年後にはしっかりとした成果になるというお手本だろう。

第III部

宇宙開発への道

―ペンシルロケットからバイオリンへ

第7章 ヒデオ・イトカワ号

航空禁止令

マッカーサー率いる連合国軍総司令部（ＧＨＱ）は、敗戦直後から日本の旧体制を民主化する指令を相次いで出した。その中に、糸川さんの運命を左右する指令があった。

「１９４５年12月31日以降の航空機や関連部品、施設などの購入・所有等を、ワーキングモデル（作業用模型）も含めて航空機に関係するものを一切禁止」

「航空科学や航空力学、そのほか航空機や気球に関係した教育・研究・実験を禁止」

いわゆる航空禁止令だ。この指令によって、飛行機を仕事や研究のテーマにしていた全員が仕事を失っている。『八十歳のアリア』には、こう書かれている。

敗戦で、日本中の人間関係が一変した。「糸川先生とつきあっていると誤解される」と、僕の周りからは、研究員も学徒動員の生徒たちもつき合っていたマスコミ陣も、みんな一斉にいなくなってしまった。

その代わり、ケ号爆弾とイ号爆弾の秘密プロジェクトの発注先から膨大な数の請求書が糸川研究室に届いた。

「玉音放送の翌日の十六日に、ミサイル部品などの取引先が、僕の研究室に駆け込んできた」（同書）

糸川さんは請求書を手に、陸軍航空本部に出向いた。建物とスタッフは残っていたが、軍はとっくに解体されていたから、誰も請求書を引き取ってくれない。

「人々は責任逃れでやっきになっている。だいいち、建物と人は残っているが、〝軍〟はもう存在していないのだ。誰もカネの工面をしてくれるわけがない」（同書）

旧航空本部では埒が明かず、結局、糸川さん個人で請求書を工面する羽目になった。

糸川研究室の機材、備品、材料のアルミニウム、家の家財道具など、売れるものはなんでも売った。だが、到底足りない。最終的に、軍から資金が流れていた軍の啓蒙団体に資金が残っていたことから、その残余資金を引き出すことで工面した。最後は、持っていたハーレーダビッドソンを売り払って借金を完済した。請求金額については、「ミサイルは部品代だけでたいそうな金額だったことは確かである」と書いている。

糸川さんは敗戦の年の秋頃、戦時中の無理が祟って病院通いをしていた。

「呆然としたまま、人も物もない奥多摩の疎開先で、たった1人でノミとネズミとの同居を続けていた」（同書）

糸川さんにとっては、戦前は飛行機の設計がすべてだったが、戦後、GHQの指令によって飛行機の仕事を奪われた。精神的にも、相当追い詰められていたようだ。

「自分は価値のない人間となった」と思い込み、「生きている甲斐がない」「世の中の役に立たない」「何一つできない」というネガティブな思考ループに陥り、死ぬしかないと思い詰めた。メッキ工場と取引があったので、青酸カリを手に入れ、持ち歩いていたという。

GHQから戦犯として巣鴨拘置所に出頭を命じられた近衛文麿元首相が敗戦の年の12月16日未明、東京・杉並の自宅で青酸カリによる服毒自殺を遂げた。このニュースを知った糸川さんは当惑した。青酸カリで自殺すると、近衛元首相の真似をして死んだと言われる。ここでは幸い、糸川さんに反逆の精神が働き、自殺を思いとどまった。

糸川さんを救った青年の依頼

以下は、糸川さんと完成まで45年を費やしたバイオリンの物語である。『八十歳のアリア』に詳しく描かれている。

「あの夏から二年がすぎた。電流じかけのネズミ採り器などをつくりながら、自殺の日取と方法について、あいもかわらず疎開先の奥多摩で悶々と悩んでいる最中に、とつぜん一人の青年が訪ねてきた」

「僕は熊谷千尋という者です。東大工学部の機械科を卒業しまして、大学院にいます。じつは、僕はバイオリンを弾くのが好きなのです」

「自分の相談というのは、先生は隼戦闘機を設計したエンジニアだから、それだけの頭脳でバイオリンを設計したら、百円ぐらいの材料で、一億円ぐらいの音が出るバイオリンができるんじゃないでしょうか、先生ならばつくることができるはずです」

この青年の依頼によって、糸川さんは敗戦後初めて、自殺と金策以外のことで頭を使ったという。

「はじめに音響学を勉強して、現代物理学のすべてを総動員して、ようするにいいバイオリンの音とはどういう波形のものかを調べて、その同じ波形が出てくるものをつくればいいのだ。だから振動論を応用すれば、理論的には可能だ」

アイデアが次々に浮かんできた。

敗戦のあのなにもなかった東京の片隅で、死ぬことばかり考えていた三十五歳の元ヒコーキ屋と機械工学科の大学院生兼バイオリニストの約束が成立した。

もう夕方になっていた、と思う。

熊谷君は僕と、帝大の研究室で再会する約束をして帰っていった。

僕の自殺は、バイオリン完成まで執行猶予になった。


この頃、糸川さんはすでに脳波記録装置の開発を進めていた。後に、完成した脳波記録装置を売ってバイオリンをつくる資金にしている。糸川さんにとって、脳波記録装置もバイオリンも、「波の研究」であることに変わりない。糸川さんはバイオリン開発に着手し、2つの研究が糸川研究室で並行して行われることになった。

バイオリンの場合、モーツァルトやベートーベンからリサーチができない。残された方法は、作曲家の書き残した五線譜から、バイオリンに対する要求を読み取ることだ。これによってバイオリンの使命が発見できるはずだと、糸川さんは考えた。

大学院生の熊谷青年は、楽譜の分析を次のように進めた。

①モーツァルトやベートーベンが書き残した楽譜からインサイトを得るために、何をすべきかを決める。
②1948(昭和23)年1月1日から1年間のNHKラジオ放送から流れた曲をすべて分析する。

③番組表に掲載された曲の楽譜を探して買ってくる。
④ラジオを聴きながら、1音ごとに何回何秒使っているかを記録する。
⑤1曲ごとに分析して、それを集計する。

糸川さんは、作曲家の研究と同時に音響学の研究に着手する。

「FEN（ファー・イースト・ネットワーク）のクラシック音楽を聴きながら音響工学をゼロから勉強することにした。いつの時代も、研究のスタートに必要なものは〝名著〟と〝カネ〟である」（『八十歳のアリア』）

糸川さんは、音響学の古典『セオリー・オブ・サウンド』の原書を図書館から借りて読み始めた。

「敗戦の悲しみと絶望の淵にいた僕に束の間の生きる喜びを感じさせてくれたのが、この分厚いバイブルのような名著であった」（前掲書）

〝名著〟の次の〝カネ〟は、航空工学という講座を音響工学に変更する申請を大蔵省に出して認められた。脳波記録装置開発も進めていたため、すんなり変更が承認された。これで研究費が確保できた。

熊谷さんとの研究の結果、楽譜上で作曲家が最も聴衆に聴いてほしい音は、次の4つに絞られた。

A_4
E_4
D_4
A_3

ハ長調でいうと、A_4は「高いラの音」、E_4は「高いミの音」、D_4は「高いレの音」、A_3は「ラの音」だ。他の音は、これら4つの音と比べると半分しか演奏されていなかった。つまり、この4つの音がいい状態で出ることがバイオリンの使命ということが明らかになった。図1のようにまとめると、以下のようになる。

- **インサイト**　作曲家のバイオリンに対する要求（聴衆に聴かせたい音）
- **環境研究**　リリース時の世相や社会状況、競合との比較
- **技術情報バンク**　木材の種類や品質
- **目標設定**　100円ぐらいの材料でストラディバリウスぐらいの音が出るバイオリンを作る
- **PMの決定**　糸川さんと大学院生のペア・システム
- **使命分析**　A_4、E_4、D_4、A_3の4つの音がいい状態で出るバイオリン（バイオリンは、誰のためにどんな音を出すべき楽器かを分析する）

コンサート「音楽による逆転の発想」

作曲家が最も聴衆に聴いてほしい音が4つに絞られた次の段階で、バイオリニストが憧れる数億円もする名器は、果たして作曲家が要求する4つの音をしっかり出せているのか、競合の調査である環境研究が必要になる。

競合は、もちろんストラディバリウスだ。ミラノから南東約80キロに位置するイタリア北部の古都クレモナで製作されたものだ。クレモナでは、15世紀からストラディバリウスの他、グァルネリやアマティといった名器と言われるバイオリンが製作されてきた。

糸川さんは、戦前からの国民的バイオリニストである諏訪根自子さん（1920～2012）のストラディバリウスを借りることができた。これは、ナチス・ドイツの宣伝相だったヨーゼフ・ゲッベルスから贈られたものと言われている。他のクレモナで作られたバイオリンと安いバイオリンの合計6種類に対して、4つの音の比較調査が行われた。

「四つの大事な音のうち、低いほうのA_3とD_4の音はいいが、高いほうのA_4とE_4が、出ることは出るのだけれども、音が弱々しい」

「バイオリンには、高音からE線・A線・D線・G線と四本の弦がある。E_4とA_4の音は、いずれも、E線上のハイポジションの音である。すべてのバイオリンが同じ結果だった。高い方の音が出ていない」

バイオリニストにとって、高い方の音は弱いのが当たり前で、これをうまく弾くことによって、観客が熱狂的な拍手を送っていたのだった。

高値のつくバイオリンは、200年から250年前にできたものだ。ストラディバリウスなら、2億円以下では買えない。ところが、作られてから400年以上のバイオリンは極端に安くなってしまう。木が腐り、虫がついてボロボロになって音が出なくなってしまうからだ。

200年前のバイオリンだけがなぜ高価なのか。糸川さんの仮説はこうだ。

バイオリンの木が時間とともにゆっくり変化し、樹脂の弾性を中心とする「何か」がちょうど良くなるのが200年後ではないか。飾っておくだけではダメで、200年の間、多くの演奏家の手によって様々な曲が弾かれることで、バイオリンが振動する。この振動によって「何か」が変化するのだろう。

次に、材料となる材木選定のプロセスに入る。日本中の材木問屋に手紙を書いて材木サンプルを集めた。彼らのアドバイスでは、北の木がいいという。ハンマーで板を叩くと、厳寒に耐え、緻密に年輪を重ねた木がとびきり上等な音を出した。その結果、材料は北海道特産の五葉松に絞り込まれた。

北斜面でほとんど栄養のない岩石の間で育った木、根が必死に岩石と岩石の間に広がり、ほんの少しの栄養と水分を幹に吸い上げた木がいいという。年輪が細かく、非常に強いからだ。厳しさをくぐり抜けてきたものだけが持つ、力強く、緊張感のある美しい音が出る。

チェロを弾く糸川さん＝中央（『十人十色』1991年3月号）

これで、バイオリンの材料に使う板が50枚に絞り込まれた。

次に、飛行機の機体に使う木の選別テストと同じテストを実施し、板が20枚に絞られた。木の種類は、北海道の五葉松が表板、裏板は楓（かえで）に決まった。結局、クレモナで伝統的に使われている木と同じになった。先人の知恵として積み重ねられてきたクレモナの伝統技術が、糸川さんの手によって証明されたことになる。

糸川さんは、２００年分のエイジングを人工的に行った。ガラスの箱を用意し、その中にバイオリンの材料になる木を入れる。内部の樹脂群と他の化学物質との化学変化を加速させるため、赤外線ランプを板に当てて温度を上げ、さらに４本のピアノ線で板の四隅を吊り、超音波で振動を与える。乾燥を促すため、ポンプでガラスの箱から空気を抜いて真空にした。超音波を1時間、赤外線を1時間、交互に木に当てると、エイジングが進み、200年分のエイジングを2カ月で達成できた。

糸川さんはこうしたプロセスを経て、バイオリンの諸元である寸法、板厚、弾性率、比重、ポアソン比を波動方程式に入れ、A_4、E_4、D_4、A_3の4つの音（特にA_4とE_4）がよく出るバイオリンの形状を決めた。

材料を選び、エイジングを重ね、軽量化を行い、調律されてできたバイオリンは、「ヒデオ・イトカワ号」と名づけられた。

糸川さんのバイオリン作りは、クレモナの職人たちが何百年間培ってきたものとはまったく異なる方法だった。そういう意味で、ヒデオ・イトカワ号は伝統的なバイオリン作りに対する反逆の賜物(たまもの)だった。

開発に着手してから45年後の1992年3月30日、世界的なバイオリニストであるユーディー・メニューイン（1916〜1999）が糸川さんのバイオリンを試弾した。

「E線上の音がよく出るね。世の中のヒコーキ屋とロケット屋が全員バイオリン屋になってしまえば、世界が平和になる」

これがメニューインの感想だった。

糸川さんは、1992年7月20日の80歳の誕生日に「音楽による逆転の発想」というコンサートを開催した。主役は「ヒデオ・イトカワ号」だった。

糸川さんは『八十歳のアリア』にこう書いている。

「ふと、バイオリンが完成したら自殺しようと決心していたことを思い出した。だが、バイオリンが完成してみたら、僕はわざわざ自殺などしなくてもほうっておけば自然に死ぬような年齢になっていた」

糸川さんはロケット博士ではなく、音響学博士だった。バイオリンに触れずに振動を測定する技術の論文「音響イムピーダンスに依る微小変異測定法に関する研究」で1949年に東大から工学博士号を授与されている。

ヒデオ・イトカワ号のきっかけを作った熊谷青年はその後、日立製作所に就職し、国鉄(現JR)各駅の端末と東京のコンピュータを結ぶ日本初のオンライン予約発券システム(MARS)の開発に加わったことで知られる。

糸川さんのイノベーションの方法は、いろんなルートで後輩たちに共有されていった。

物語共有の法則

糸川さんは、数学の時間を半分にしても、科学を作り上げてきた人の伝記や評伝を教えるべきだという考えを持っていた。日本人なら織田信長や徳川家康の人生についてはイメージが湧く。ところが、ガリレオやニュートンがどんな生涯を送ったのか、イメージできない。

地動説を知るにしても、単に地球が回っていると事実だけを頭に入れるだけでは、知識が生きてこない。この説を確立するまで、コペルニクスやガリレオがどのような困難に直面し、いかに苦しみ、どうやって乗り越えていったかを理解した方が、知識が生きてくる。伝記や評伝を読まずに業績だけを理解したとしても、知識が生きてこない。

伝記や評伝は、知識との接着剤となってイノベーションの潜在力になってくれる。糸川研究室は、バイオリンやロケットで糸川さんとともにイノベーションを生み出してきた人たちなので、本書で語ってきた糸川さんの物語は断片的にでも頭に入っている。

本書で糸川さんの人生の足跡を辿(たど)っているのは、読者と糸川さんの物語を共有したいからだ。共有することによって、知識がストーリーとして身につく。偉大なイノベーターの破天荒とも言える軌跡は、読者をイノベーションへと誘うだろう。これをイノベーションの第3法則、「物語共有の法則」と呼んでみる。

物語を共有したもの同士がつながれば、アイデアを交換したり、苦労や孤独を和らげたりするだろう。糸川さんの人生の中から、ケプラーの法則のような「イノベーションの3つの法則」を導き出すことができる。

第1法則：手のひらの法則
第2法則：反逆の法則
第3法則：物語共有の法則

物理学において法則は現象から導かれるように、糸川さんの人生を分析すると、この3つの法則が見つかる。創造性組織工学の2つのフローチャート（86ページの図1はその一部）である図2（174ページ）と図3（204ページ）は、物理学的に言うと、これら3つの法則を説明し、基礎づける仮説となる。

この仮説は糸川さんの人生において、飛行機やバイオリン、これから解説するロケットなどで実証されている。だから、イノベーションを生み出す原理と呼んでもいい。

脳波記録装置の開発

ヒデオ・イトカワ号がお披露目されたのは1992年だが、その原型が出来上がり、「バイオリンの製作に関する研究」（糸川英夫、熊谷千尋著）という論文になったのは1952年だ。「東京大学生産技術研究所報第3巻第1号」（1952年9月）に収録されている。

ここまで解説してきたバイオリンの製作は、脳波記録装置や麻酔深度計と並行して行われていた。糸川さんが所属した東大第二工学部航空学科は戦後、物理工学科に衣替えしていたが、さらに1951年に第二工学部が廃部となり、生産技術研究所として再出発した。糸川研究室の研究動向について、生産技術研究所「生産研究」第11巻16号にはこう記されている。

糸川研究室は戦前は航空学の研究を中心にしたが、戦後航空技術の研究禁止以来、音響工学、医学工学の研究を新たに開発し、昭和24年より28年までの間に、音響工学の分野では音響インピーダンスの変化を利用した微小変位測定法を考案。この研究を完成して、これを用いてスピーカーペーパコーンの振動の測定を行った。また、弦楽器についての物理的研究を行い、この結果に基づいて、バイオリン、弓の試作を行った。医学工学の分野ではインク直記式ペンレコーダーと交流電源を用いる脳波記録装置をわが国で初めて完成した。

当時の病院では、患者の脳波をオシログラフやブラウン管を通して観察していたが、それを記録するのに手間がかかった。この不便さを解消したのが、インク直記式ペンレコーダーだった。この脳波記録装置は生研式脳波記録装置と命名され、東大など十数箇所の病院で臨床的に使用された。

『八十歳のアリア』にも「脳波測定のアンプは、病院に売ると一台で四万円ほどになった」とある。糸川さんはこれを売って、バイオリンの研究費に充当している。こうした活動ぶりを見ると、糸川研究室は東大発ベンチャーの第一号だったと言っていいかもしれない。『私の履歴書』には、医学向けの研究に向かったきっかけについて、こう書いている。

糸川さんが取り組んだジェラルミン製の人工心肺装置（写真提供：林紀幸さん）

戦争中の無理がたたって、昭和二十年の秋は病気がちでお医者通いをしていた。そのうち、飛行機で得たであろう技術を医学に応用してみないかと、かかりつけの林寿郎ドクターに誘われたのがキッカケで、東大病院の大槻外科をたたいた。

ここで相談をうけたのが、脳しゅようやテンカンの診断に使う脳波診断器で、現在の器械が原始的で実用にならぬのを近代化出来ないだろうか、という大槻菊男教授の話である。（中略）難点を解決するのが生き甲斐みたいな人間だから、この研究は楽しかった。

ペンレコーダー式脳波記録装置の後、糸川さんは麻酔深度計の研究に進む。大槻教授の後任だった清水健太郎教授の発想がきっかけだった。

「全身麻酔のとき、かかり具合が深すぎると後遺症が残るおそれがあり、浅すぎると苦痛を患者に与える。麻酔による『眠りの深さ』をメーターで出そう、というのが、この研究で、コンピューター、というものを初めてここでつくったことになる」（『私の履歴書』）

ロケット研究は１９５４（昭和29）年にスタートしている、前掲「生産研究」にはこう書かれている。

「昭和29年より観測ロケットの研究に着手し、まず生研内にＡＶＳＡ研究会を組織し、昭和30年4月にＳＲ研究班を組織、4月には糸川研究室および関係研究室が協力してペンシル・ロケットの研究、試験を行った。その後ベビー・ロケットの研究試作試験から現用のカッパ・ロケットまでロケット本体についての研究開発、特に固体燃料エンジンの研究を行って来ている」

糸川さんは、麻酔深度計を真空管で製作した。この装置の開発についての研究論文を雑誌に発表したところ、それを読んだ米国の大学から招待状が届き、糸川さんは１９５３年1月に渡米する。しばらくの間、シカゴ大学で麻酔深度測定の講義を行い、脳生理学とエレクトロニクスの関係についての研究を重ねた。

一気にロケット開発へ

糸川さんがシカゴ大学医学部で研究を続けていたとき、図書館で読んだ最新の本に「スペース・メディスン」(宇宙医学)という言葉を見つけた。米国では、人間が宇宙に行ったとき、どのような医学的措置が必要となるのかという課題に取り組もうとしていた。

「米国が宇宙開発を始めるとしたら、日本も同時にロケットの研究をスタートすれば、なんとか追いつけるのではないか」

糸川さんはこう考えた。

1952年4月に発効した日本と連合国との間で結ばれたサンフランシスコ講和条約によって、GHQによる航空禁止令が解除された。日本では、1956年に国産旅客機が構想され、東條輝雄さんがプロジェクトマネジャー(PM)となり、プロペラを使うガスタービンエンジンのYS-11が開発された。

しかし、この段階で、YS-11と米国のジェットエンジンを搭載したDC-10には、歴然たる差がついていた。スピードが2倍違った。糸川さんが中島飛行機を辞めた理由の1つは、ジェットエンジンの研究が社命によって中止になったことだった。それによって、B29を迎え撃つ迎撃機が開発できなかった。

因縁のジェットエンジンではなく、「ロケットなら米国に追いつける」と糸川さんは考えた。これが、近くの目標を一気に飛び越え、未来を先取りしようとする糸川さんのイノベーターとしての非凡なところだ。糸川さんは普通の航空屋なら当然考えたはずのジェットエンジンには目もくれず、ロケットへと向かった。

結局、糸川さんは飛行機開発には戻らなかった。過去の経験は捨て去るのが糸川流だった。戦前、糸川さんと同じ飛行機屋だったYS-11の開発者たち、ゼロ戦の堀越二郎さん、紫電改の菊原静男さん、飛燕の土井武夫さん、隼の太田稔さん、飛竜の木村秀政さんとは別れを告げ、独自の道を歩むことになる。

イーロン・マスクに先駆ける

以下は、『逆転の翼』（新日本出版社）に詳しく書かれている。決断した後の糸川さんの行動は、素早かった。シカゴ大学での予定をさっさと切り上げ、1953年5月に帰国した。ロケット研究には飛行機だけでなく、幅広い専門家が必要だ。すぐに東京大学生産技術研究所を訪れ、航空工学、電子工学、空気力学、飛行力学などの研究者に声をかけた。

生産技術研究所所長だった星合正治さんにも、ロケット研究を進言した。帰国した年の10月3日、経団連主催で講演会を開き、ロケットや誘導弾に興味のありそうなメーカー13社、当時の社名で列挙すると、日平産業、東京計器、三菱造船、北辰、東京航空計器、東芝、日本電気、新三菱、川崎重工、日立、日本ジェットエンジン、日本無線、富士精密を集めた。

だが、結果的に糸川さんの発想についていける企業は1社しかなかった。結局、戦前に糸川さんが勤務していた中島飛行機の後身、富士精密工業（後のプリンス自動車工業、日産自動車、現在のＩＨＩエアロスペース）だけが、糸川さんに協力することになる。

翌１９５4年2月、生産技術研究所内にＡＶＳＡ（Avionics and Supersonic Aerodynamics：航空電子工学と超音速の空気力学）研究班を組織した。

「ジェットエンジンを積んだ航空機をいまさら作っても遅い。超音速、超高速で飛べる飛翔体を作り、太平洋を20分で横断しよう」

ＡＶＳＡ構想は、こんな野心的かつ大胆な構想でスタートした。

それから63年後の２０１７年9月、スペースＸ社を率いる米国の起業家イーロン・マスクは、オーストラリア・アデレードで開催された国際宇宙会議で5年以内に火星に人を送りこむ構想と同時に、国際都市間を30分程度で移動できる旅客ロケット便（ＢＦＲ）の開発構想を打ち出した。

マスクのＢＦＲ構想は、糸川さんが敗戦から10年も経たないときに打ち出したＡＶＳＡ構想と驚くほど酷似している。稀代のイノベーターのふたりは、時代も生まれた国も違っているが、反逆の精神、大胆な構想力、そして自由奔放な性格もよく似ている。

てほしい。

渡辺一夫教授の警告

糸川さんが初めて渡米したのは、留学ではなく、研究と講義のためだったことに注意してほしい。

糸川さんは、高校時代にフランス語講師として来ていた渡辺一夫さん（1901〜1975）から、「家に遊びに来いよ」と誘われ、渡辺さんの自宅を訪ねたことがある。渡辺さんはその後、東京大学教授になり、ラブレー研究などフランス文学の大家になった。渡辺さんはこんな話をした。

「留学した人間は、自分が学んだ町を美化しがちだが、なぜだと思うかね。彼らは消費するのみで生産活動をしていないからだよ。遊ぶだけなら楽しいのも当然さ。彼らのいうことの半分は差し引いて聞く必要があるね」

この言葉を受け止めた糸川さんは「以来、私は遊びで海外旅行をしたことはない。生産活動を伴わない旅行は無意味と考えるからだ。私の人生に、この時の渡辺先生の言葉は、大きな影を落としていると思う」と、『逆転発想のビジネス哲学』（チクマ秀版社）で語っている。

この渡辺さんの警告から、糸川さんは留学しないで、海外で教える側になること、留学ならぬ「留教」を考えるようになった。

「留教」は外国で金を稼いで生活するので、生産と消費の両方を経験することになり、両面を知ることができる。いいことも悪いことも体験するので、滞在した国を一方的に美化する姿勢は生まれにくくなる。

　糸川さんは戦後まもなく、麻酔深度計でシカゴ大学に「留教」し、ロケット開発でも、インド政府のアドバイザーとして3年ほど「留教」している。インド宇宙開発の父であるヴィクラム・サラバイ博士から、「自前のロケットを持ちたい」と相談されたことがきっかけだった。

　1747年創立のフランス最古の名門グランゼコールであるフランス国立ポンゼショセ大学（ENPC）では、国際経営講座MBA（EUのリーダー養成講座）で、創造性組織工学（人間学 情緒工学序説部分のみ）を教えている。

第8章 国産ロケット打ち上げ

ペンシルロケット伝説

糸川さんがマスコミに頻繁に登場したのは、ロケット研究を行っていた40代だ。国産ロケットの研究は華々しく、世間の注目を集めた。九七式戦闘機の顧客はパイロット、鍾馗の顧客は日本国民、バイオリンの顧客は製作段階では作曲家だった。ロケットでは顧客が地球観測を行う科学者に変わった。糸川さんのアプローチは、今回も変わらなかった。

ここで糸川研究室の金澤磐夫さんが残した『ペンシルロケット百年・糸川先生』と『ペンシルロケット誕生の経緯』（ともに、ダイナミック・アート館）を参考に開発の経緯を振り返る。

金澤さんは1949年、東北大学理学部物理学科を卒業後、1951年に東京大学第二工学部応用物理学科時代の糸川研究室に大学院特別研究生として加わった。この金澤さんは、糸川さんのバイオリン製作でも大きな役割を果たしている。弓の研究を行ったのだ。

　1953（昭和28）年の暮れ、糸川さんは珍しく、その年の忘年会に顔を出した。

「新しい研究を始めることになった。何かは言わないが、希望者は後で私のところに来なさい」

　そう言って、席を立って帰ってしまった。忘年会後、真っ先に糸川さんのところに駆けつけた金澤さんは、ペンシルロケット・プロジェクトの最初のメンバーとなった。

　金澤さんは翌54年2月、特別研究生を辞し、糸川さんの指示で中島飛行機の後身である富士精密工業（現IHIエアロスペース）に入社する。

　3月に卒業した東大航空力学専攻の杉浦功さんも4月に入社することになり、糸川さんの命を受けたこの2人が最初のロケット開発に携わることになる。杉浦さんは航空力学専攻だったため、ロケットの形状に関して見識があった。彼がセクションペーパーに殴り描きで描いたものがペンシルロケットの基本デザインになった。アウトラインは、次のようなものだった。

①前翼は必要ない
②燃焼部分であるノズルは別材料で作り、ネジで本体に取り付ける
③翼は本体に溶接かリベットで取り付ける

④本体の中は円筒状にくりぬいて、ゼリー状の火薬を詰める（1954年2月6日に日本油脂にあった固体燃料）

⑤杉浦さんは「ランチャーをどうする？」と糸川さんに聞かれ、「円筒状の筒のようなものを作れば、最初の飛行が安全にできる」と答えた。しかし、羽の扱いをどうするか、うまい案が見つからず、「誰か機械科出身者に依頼したらどうか？」と答えた。

⑥そこで東大工学部機械工学科出身で、入社したばかりの垣見恒男さんがランチャー担当となり、円筒ではなく、四角い枠に沿って発射するランチャーとなった。

以上の基本構想の概略図をもとに、頼めば、なんでも器用に作ってくれた協力会社の大倉製作所で製造されたのが、最初のペンシルロケットだ。ペンシルロケット発射実験の1カ月前、糸川さんは富士精密工業ロケットプロジェクトの責任者宛てに手紙を出した。東京大学生産技術研究所のレターヘッド付き便箋に書かれていた手紙には、次の要求が書かれていた。

- ペンシルロケットの先端は交換して、胴体部分は何度も繰り返し使用できるようにしたい
- 尾翼に角度をつけて、ペンシルロケットにスピンをかけるようにしたい（角度は2種類）

1955年3月、初めての発射実験を前に、ペンシルロケットを手にする糸川英夫博士
「ザ・クロニクル　戦後日本の70年」第3巻所収（写真提供＝共同通信社）

- 飛翔試験のときに、ロケットから飛行軌跡が確認できるように煙が出る仕掛けを考えたい
- ペンシルロケットの試射を1955年4月10日から15日の間に行いたい（実際には、4月12日に最初の飛翔試験が行われた）
- 発射のスイッチは、ナイフスイッチを使いたい

この1955年3月10日付の手紙は、群馬県富岡市のIHIエアロスペース富岡事業所の展示室に飾られている。最初にペンシルロケットの図面を描き、製作を大倉製作所に依頼し、燃焼実験を担当したのは、富士精密工業の金澤さんと杉浦さんだった。

もう一つの伝説

以上とは別に、ペンシルロケットの起源には、もう1つの説がある。富士精密工業にあった中島飛行機の航空機用材料在庫の直径30ミリのジュラルミンの丸棒が原点になったという説である。

当時、中島飛行機の規格である「チ201」というジュラルミンの丸棒が、富士精密工業の倉庫にたくさんあった。熱伝導計算をすると、この材料でも大丈夫だということになり、さらに日本油脂の推進剤（固体燃料）のサイズから、ペンシルの形状となった。つまり、

そのときにあった材料で何とか作ってみようということから始まったというのだ。

この説は、垣見恒男さんが唱えているものだ。戦後の物資欠乏の中で、発想が天才的な糸川さんならひねり出しそうな手法だ。糸川さんに誘われて１９５８年に東大生産技術研究所に技官として入所して以降、同宇宙航空研究所、文部省宇宙科学研究所（ＪＡＸＡの前身）と43年間、４３０機のロケット打ち上げに関わった林紀幸さんは「実際にペンシルロケットを飛べるように設計した垣見さんの話が正しいのではないか」と語っている。

林さんの父・三男さんは戦前、中島飛行機のテストパイロットだった。一式戦闘機「隼」二型のテスト飛行中に墜落死している。戦後、工業高校を卒業する際、父と旧知の糸川さんの自宅を母親と一緒に訪ね、就職先として中島飛行機の後身、富士精密工業を紹介してもらった。ところが、手違いから不合格となり、糸川さんに報告に行ったところ、

「ロケットを始める。君も来ないか」

と糸川さんから勧められ、千葉市の東大生産技術研究所に技官として入所した。以来、林さんは「ロケット班長」として、黎明（れいめい）期の日本のロケット開発で糸川さんと苦楽を共にする。

ペンシルロケットの公開実験は、１９５５年４月12日に国分寺の新中央工業の工場跡地にある銃器試験場で初めて行われた。その前段階の燃焼実験などの基礎研究は、富士精密工業の荻窪工場で行われている。

ペンシルロケットの実物を前にして。糸川さん（右）と林紀幸さん
（写真提供：林紀幸さん）

公開実験が行われる1955年4月12日までの間の1年間は、金澤・杉浦コンビがペンシルロケットを実際に設計し、燃焼テストを行っていた。糸川さんの発案で、重心調整に便利なように先端が外せるようになった富士精密工業バージョンのペンシルロケットもある。

2年ほど後、杉浦さんは日本冶金工業創業者の娘婿となり、ロケット研究から離れた。金澤さんは会社の方針で自動車部門に移籍し、スカイラインの機構開発に従事するようになる。その結果、残ったランチャー設計の垣見さんが中心となって実験が進められた。

最初のプロトタイプのモデルは杉浦さんが設計し、垣見さんが提案した「チ201」を、推進剤のサイズに合わせて切り出し、協力会社の大倉製作所が製作した。それで燃焼実験などを繰り返していたが、杉浦さんも金澤さんもロケットから離れ、垣見さんが設計図を描くようになった。これが、ペンシルロケットの始まりの物語だ。

ペンシルロケットには、3つのタイプがある。スタンダードな長さの23センチのもの、千葉の生産技術研究所で発射された2段式のペンシルロケット、秋田・道川海岸で発射された長さ30センチのペンシル300の3種類だ。また、スタンダードバージョンには、尾翼のところで前と後ろの2つに分かれる2ピース、先頭が真鍮(しんちゅう)で真ん中がジュラルミン、下が鉄の3ピースの2タイプがある。

実用最小限の製品

火薬協会からの情報によると、愛知県知多郡武豊町にある日本油脂に、海軍きっての火薬の研究者だった村田勉博士が勤めていた。1954年2月6日、糸川さんの命を受けて、富士精密工業の戸田康明さんが武豊の村田博士を訪ねた。

当時、日本油脂ですぐに提供できる推進薬は、無煙火薬で外形9・5㎜、内径2㎜、長さ123㎜で中空円筒マカロニ状の米国で使うバズーカ砲の在庫しかなかった。

AVSA構想では、超音速、超高速で飛べる飛翔体を作り、太平洋を20分で横断する計画だった。報告を聞いた富士精密工業のメンバーは、小さなマカロニ状の固体燃料を見て

1955年4月14日、日本で初めて「ペンシルロケット」の水平発射実験に成功した。東京・国分寺で全長23センチの鉛筆のようなペンシルロケットを発射台に取り付ける作業を見守る糸川英夫教授（写真提供＝共同通信社）

落胆し、沈黙していた。すると、糸川さんはこう言った。

いいじゃないですか。費用も少なくてすむし、数多くの実験ができる。大きさにこだわっている場合ではないでしょう。すぐに実験を開始しましょう。ロケットを本格的に飛ばすには、さまざまなデータが必要です。データをとるには何度も飛ばさなければならない。毎回大きなものを作って飛ばせば、コストがかさみます。このちっぽけな固体燃料に合わせて小さなロケットを作るしか、当面打つ手はありませんよ。

糸川さんの口癖は、「逆境は成長の

ルーツである」だった。小さなマカロニ状の火薬しかなかったからこそ、ペンシルロケットにつながったのだ。戦前、中島飛行機時代に九七式戦闘機の翼を設計するため、最初にペラ（プロペラ）で実験をしていたことを思い出してほしい。

そのとき、糸川さんは「最初から戦闘機を作ったら費用もかかる。しかし、ペラなら安上がりで、何個でも実験できる」と考えた。米シリコンバレー流のリーンスタートアップのMVP（Minimum Viable Product）、つまり実用最小限の製品（仮説を検証するためのプロセス）とペンシルロケットの発想は同じだ。

新聞記事効果で予算獲得

会社員の月給が2万円以下だった当時、東京大学生産技術研究所のロケット研究会であるAVSAプロジェクトの研究費は60万円だった。別途、文部省から40万円の研究補助金が出たから、合計100万円。現在の貨幣価値に換算すると、1000万円ほどだろうか。この予算で、高速衝撃風洞の建設やロケットテレメーター装置の研究をめざした。

協力会社の富士精密工業は、1954年度からの地上燃焼試験などの開発費用を捻出するため、通産省に2億円の補助金を申請したが、工業試験研究費として認められたのは230万円に過ぎなかった。同額を会社側が負担する補助金であるため、合計460万円となった。

日本のロケット開発予算はようやく計560万円に増えたのだが、「超音速、超高速で飛べる飛翔体を作り、太平洋を20分で横断しよう」という雄大なAVSA構想にしては、付いた予算はまだあまりに少なかった。

そんな状況でも、糸川さんは「カネがないから、満足な研究ができない」という泣き言は吐かなかった。

一計を案じた糸川さんは、当時大学院生だった秋葉鐐二郎さん（宇宙科学研究所名誉教授）に、風洞試験をやるからロケットの模型を予算ゼロで作るよう指示した。秋葉さんが厚紙で作ったロケットのようなものを「これはいい」と褒め、写真を撮らせて新聞記事に掲載させた。記事のタイトルは「ロケット旅客機／20分で太平洋横断／八万メートルの超高空をゆく」だった。写真説明は「東大生産技術研究所の試作ロケット第1号」となっていた。

掲載されたのは、1955年1月3日付の毎日新聞朝刊社会面だった。「科学は作る」と題した新年連載企画の第2回で、「東京に住み、サンフランシスコの事務所に通勤し、週末は箱根の別荘ですごす実業家が出てくるかもしれない」という記事とともに、秋葉さんが作った厚紙ロケットの写真と、AVSA構想（ロケット旅客機構想）が具体的に紹介されていた。

2017年、イーロン・マスクが「Big Falcon Rocket」を打ち上げるBFR構想を明らかにした。そのとき、マスクが語った未来は、以下のようなものだった。

「東京からホノルルだとなんと30分。ちょっと隣町まで行ってくるぐらいの感覚で、ハワイ旅行が可能になってしまう」

「ロサンゼルスとトロントなら24分」

「香港とシンガポールなら22分」

「地球のどんな場所にでも、1時間以内で移動することが可能」

この構想は、糸川さんのAVSA構想そのままだ。糸川さんとイーロン・マスクの狙いは同じだった。まず世間的にわかりやすい大風呂敷を広げて、多くの人の耳目を集める作戦だ。ロケットの具体的な性能や実現時期は後回しだ。金澤さんが残したメモ『ペンシルロケット百年・糸川先生』には、次のように書かれている。


昭和30年（1955年）4月当時の富士精密・プリンス自動車荻窪工場から、糸川先生運転のスカイラインの助手席に乗って国分寺のロケット発射場に向かう途中、車内のラジオ放送で、〝文部省予算のロケット開発費5千万円が認められました〟というアナウンスをお聞きになり、〝金澤君、これでロケット開発がスタートできるようになったよ！〟といわれました。

新聞記事もロケット開発予算を後押ししたのだろう。東大生産技術研究所ロケット研究会研究費60万円、文部省研究補助金40万円、通産省工業試験研究費230万円、富士精密工業負担金230万円の合計560万円に、文部省のロケット開発費5000万円がドンと乗ったのだ。これで、糸川グループは大いに安堵したことだろう。

場所は東京・国分寺駅前の新中央工業KK廃工場跡地の銃器試射用ピット、ときは1955年4月12日。ついにペンシルロケットの最初の飛翔試験が行われた。文部省のロケット予算が承認されたのは、同じ月のことだった。

「必要な予算はプロジェクト推進者が作る」

糸川さんにとって、プロジェクトに必要な予算はプロジェクト推進者が作るものだった。予算がないから研究ができないという言い訳は許されない。新聞を使ったプロジェクトのPRも、糸川さんの周到な予算獲得の手段だった。

糸川さんがロケット研究後にまとめたHow To Innovate（イノベーションの方法）は、創造性組織工学と呼ばれる。そのなかに、WOG（ウォグ）という伝える手法がある。このロケット研究予算の獲得方法は、まさにWOGの成果だった。

WOGとは、次の3つを指す。

- Written（書く能力）全角で140字～250字程度で伝える

・Oral（話す能力）30秒〜5分以内で伝える
・Graphic（ポンチ絵やチャートにする能力）1枚で伝える

Writtenとは、本の帯のコピーをイメージしてもらえばいい。数百ページの本を手に取り、買いたいと思ってもらえるキャッチコピーで、内容を短い文章で示す。文字制限のあるSNSのX（旧Twitter）への投稿のように、言いたいことを簡潔かつ的確に表す。

Oralとは、エレベータに乗って降りるまでの時間内で自分の伝えたいことを伝えることだ。YouTubeでの動画マーケティングでは、30秒以内の動画なら平均して全体の80％、1分以内の動画なら70％、5分以内の動画なら60％まで見てもらえる。同様に、プレゼンでは5分以内で勝負が決まる。

Graphicとは、自分の伝えたいことをA4やA3の1枚に表現すること。1枚のプレゼン資料をディスプレイに投影してもいいし、大きな紙で全体を見渡せるように広げてプレゼンしてもいい。

秋葉さんに作らせた厚紙のロケットは、写真と記事でGraphicになった。

「ロケット旅客機／20分で太平洋横断／八万メートルの超高空をゆく」

「東京に住み、サンフランシスコの事務所に通勤し、週末は箱根の別荘ですごす実業家が出てくるかもしれない」

「東大生産技術研究所の試作ロケット第1号」

これの文章は、合わせて約100文字の Written だった。さらに、糸川さんの役所のなかでの短時間のOralもあって、このWOGを活用した予算獲得という目標が達成された。ペンシルロケットが生まれた経緯と予算獲得という物語としてWOGを捉えると、記憶に残り、実践に応用でき、様々なイノベーションにつながっていくだろう。

国際地球観測年（IGY）へのピボット

AVSA構想を含む宇宙を取り巻くプロジェクトは、3つの場所で並行して行われていた。1つは、富士精密工業・荻窪でのペンシルロケットの図面からの製作と、燃焼実験というエンジニアリングのプロジェクトだ。

2つめは、それと並行して東大生産技術研究所に第二工学部の若い研究者が専門分野を乗り越えて集結し、行っていた大気界面飛行の勉強会だ。

3つめは、この段階では糸川さんはまだ関わっていないが、地球の全体像を国際協力で明らかにする「国際地球観測年」（IGY）という国際プロジェクトである。

1954年春のIGYローマ会議で、南極大陸の観測と観測ロケットによる大気層上空の観測という2つの特別プロジェクトが組まれた。日出ずる国日本は、ユーラシア大陸の東端にある。この地理的な位置は、この国の上層での大気データが重要であることを意味している。「ロケットは米国が提供するから、日本はそれに乗せる観測機器を作ってはどうか」と米国から打診されていた。

1957年から1958年は、太陽活動の最盛期に近い。そこで、高層気象、地磁気、極光および夜光、太陽面現象、電離層、宇宙線の6つが観測対象として計画された。日本学術会議はIGY特別委員会をつくって計画を立案し、政府にバックアップを勧告した。国際地球観測年の予算が文部省に一括計上されることになり、予算の目処が立った。

この3つが並行して進んでいくなかで急浮上したのが、1955年1月の毎日新聞朝刊に掲載された「東大生産技術研究所の試作ロケット第1号」と題された厚紙で作ったロケットモドキの写真だった。この報道に文部省は驚愕する。当時、具体的なロケット観測計画を表明して準備中だったのは、米国とフランスの2カ国だけだった。文部省の担当者はすぐに糸川さんを呼び出して、こう質問した。

「1958年までに、高度100キロ付近まで到達できるロケットを日本が打ち上げることは可能ですか?」

糸川さんは、こう答えた。

「飛ばしましょう」

自らが飛ばすと宣言したのだ。

ここで1953年10月3日に経団連で糸川さんが発表したAVSA構想を思い出してほ

しい。それは、「超音速、超高速で飛べる飛翔体を作り、太平洋を20分で横断しよう」という大風呂敷の将来構想だった。それが一転、国際地球観測年への日本の参加を支える科学的な任務を背負った具体的な計画になったのだ。

AVSA構想の顧客が、東京に住み、サンフランシスコの事務所に通勤し、週末は箱根の別荘で過ごす実業家だとすると、国際地球観測年の顧客は科学者になる。ここで初めて、日本のロケット研究は、工学（宇宙工学）と科学（宇宙科学）が融合するプロジェクトに昇華する。予算も通産省予算と、国際地球観測年の文部省予算が統合されることになった。

糸川さんはロケット旅客機に固執することなく、いとも簡単に国際地球観測年へと軌道修正した。糸川さんは過去に固執しないし、過去を引きずらない。過去に固執することで未来を切り拓けないのでは意味がない、と考える。糸川さんの手のひらに乗っていたAVSA構想というプロジェクトは、その対象が科学者に変わったのだ。

リーンスタートアップでは、こうした転換をピボットと呼ぶ。ピボットとは、もともとはバスケットボールの用語だ。ボールを保持するプレーヤーが片足を軸足として固定し、もう片方の足を動かすステップのことだ。ピボットができると、軸足を中心にして体の方向を自由に変えながらボールを保持できるようになる。

荻窪の富士精密工業でのエンジニアリング・プロジェクト、東大生産技術研究所でのプロジェクトという軸足は変わらないが、ロケット研究の目的が観測ロケットによる大気層上空の観測に変化した。

本書に登場するバイオリンを研究していた熊谷千尋さん、バイオリンの弓を製作し、富士精密工業でペンシルロケットの開発に携わった金澤磐夫さん、厚紙でロケットモドキを製作した大学院生の秋葉鐐二郎さん、糸川研究室最後の大学院生である的川泰宣さん、ロケット現場の班長だった林紀幸さんは全員、糸川研究室の出身者だ。

彼らにとって糸川さんは師でもあり、糸川さんのイノベーションを生み出す物語をリアルに共有している人たちでもある。

しかし、私は糸川さんの弟子ではない。私は糸川さんの主宰していた組織工学研究会の事務局的役割をボランティアで10年間やっていただけだ。当時、研究会に参加していた企業の人たちに、創造性組織工学が浸透していけばいいと望んでいた。私自身も毎回参加して勉強させてもらい、その学びをこれまで活用してきた。

糸川さんの人生を知れば知るほどわかることだが、戦闘機、脳波記録装置、バイオリン、ロケットと転身ぶりが半端ではない。それにもかかわらず、その道のトップにまで上り詰めている。それを可能にしているのが糸川さんが編み出した創造性組織工学なのだ。

2人のロケット屋

ここで少し視点を変えて、糸川さんとほぼ同時代にロケットを開発し、米国のアポロ計画を推進したヴェルナー・フォン・ブラウン（1912〜1977）の足跡を振り返ってみたい。フォン・ブラウンと糸川さんは同じ1912年生まれだ。日本とドイツで同じ年に生まれた2人は、同じロケットの道へ進み、パイオニアになった。

フォン・ブラウンは、1930年にベルリン工科大学に入学した。ドイツ宇宙旅行協会に入会し、液体燃料ロケットエンジンの試験を手伝っている。他方、糸川さんはロケット開発を始めたとき、すぐに用意できた固体燃料から始めている。

大学生のフォン・ブラウンは、1930年にミラク、1931年にはレプルゾルというロケットを完成させている。ドイツ軍から、ロケット研究に加わって燃焼問題で博士論文を書かないかと打診された。彼は軍事目的を承知で大型ロケットの夢を選び、25歳の若さで技術責任者になっている。

フォン・ブラウンは、史上最長の射程（300km）を持ち、強力な爆薬（1トンの弾頭）を搭載できるロケットA4型を開発する。A4の誘導システムはあらかじめ決められたコースを記憶し、ジャイロスコープとドップラー・レーダーが示す変化で飛翔経路を調整する。これをヒトラーは、ドイツ語で報復兵器を意味する「Vergeltungswaffe」からV2と名づけた。

この頃、フォン・ブラウンはゲシュタポに逮捕されている。逮捕理由は、「フォン・ブラウンの関心は軍事用ロケットではなく宇宙探索に向いている。彼はV2ロケットを英国の攻撃に使うことに反対し、機密書類を持って飛行場から英国に脱出しようとした」というものだった。
こういうフォン・ブラウンの反逆精神は、糸川さんと似ている。結局、フォン・ブラウン抜きではV2プロジェクトは難しく、最終的には釈放されている。

1944年6月以降、敵国の首都ロンドンに向けて発射されたV2は、甚大な被害を与えた。だが、1945年5月、ドイツが降伏すると同時に、フォン・ブラウンは米軍に投降した。

米軍はV2ロケットの生産ラインを地下工場に発見して接収し、フォン・ブラウンが隠した14トンに及ぶ資料も押収した。米軍が入手した300機のV2ロケットは、米ニューメキシコ州のロケット発射場に運ばれた。その後、フォン・ブラウンは米国に渡って帰化し、67機のV2ロケットを打ち上げることになる。

当時の米国では陸海空がそれぞれ別々の宇宙計画を持ち、互いに無意味な争いを繰り広げていた。そんな矢先、ソ連が1957年10月4日、世界初の人工衛星の打ち上げに成功した。スプートニク・ショックである。

翌1958年1月31日、フォン・ブラウンチームのロケットであるジュピターCが、米国初の人工衛星エクスプローラーを軌道に運ぶことに成功した。米国の威信回復に貢献したフォン・ブラウンは一挙に宇宙開発のトップに立ち、その後、サターンV型（アポロ11号）で人類を月に運ぶことになる。総額254億ドルを費やしたアポロ計画はベトナム戦争の影響もあり、17号でプロジェクトを終えた。

史上初めて大気圏を脱出したのはＶ２だったが、それは失敗の連続だった。近くの飛行場に落下したり、振動で空中分解したり、失敗は度を越していた。フォン・ブラウンは、1回の失敗で6万5000カ所の改善をしたと言われている。

自動車の部品は数万個、ジェット機は数十万個、ロケットは数百万個と言われる。ロケットは部品数が桁違いに多い。だから、失敗も桁違いだった。しかし、Ｖ２計画は戦時下のドイツで最優先プロジェクトだったため、資金と労働力を無尽蔵に投入できた。フォン・ブラウンは米国に渡り、ドイツでの失敗経験を十分活かした。米国のロケット研究は、Ｖ２の失敗の蓄積とデータをドイツから移転できたことで、サターンＶ型で成功を収めた。

他方、戦時中にロケット開発を経験していない我が国には技術の蓄積がなかった。飛行機屋の糸川さんが1955年にゼロからペンシルロケットに着手、徐々に大型化を進めて経験やデータを蓄積していった。23センチのちっぽけなペンシルロケットは、仮説検証を繰り返しやすい手段だった。

この糸川さんの理にかなったアプローチは、当初、厳しい批判を浴びる。金澤さんのメモ『ペンシルロケット誕生の経緯』には、当時の様子が次のように描かれている。

新聞の記事にも連日〝ロケットの糸川〟が報道されることになりました。しかし、糸川先生にお供してロケット関係の会議に出席し、会議が終わると、会議場に残った偉い先生方から、「こんな小さいロケットの実験をして何になる。糸川君にそういっておけ！」と露骨にいわれたことが何回もあります。

巨大なロケットを何発も上げるには、膨大な予算が必要になる。敗戦直後の日本では大した資金は期待できない。まず小さなロケットでスタートするという方法は合理的だった。フォン・ブラウンと違い、敗戦後に着手した糸川さんは小さなロケットで失敗を重ね、データを蓄積していったのだ。当時のペンシルロケットの実験チームには総勢35人が関係していて、ロケット開発の立ち上げからの経験を物語として全員が共有していた。だから、強いチームとなったと言える。

「固体燃料で問題ない」

ペンシルロケットの発射場は、徐々に大型化していった。

東京・国分寺の新中央工業ＫＫ廃工場跡地の銃器試射用ピットでは10メートルレンジでの水平発射が行われた。50メートルレンジでの水平発射は、千葉県の東大第二工学部の船舶工学科の水槽で実施された。この段階では、23センチから30センチのペンシルロケットと2段式のペンシルロケットの実験が行われた。

1955年に秋田県の道川海岸へ発射場が移転する。発射場が日本海側の秋田県に移った理由は、当時の海岸部の大半を米軍が占拠していたからだった。空いていたのは、新潟県の佐渡島と秋田県の男鹿半島ぐらいしかなかったのだ。

視察のために佐渡島へ船で移動すると、糸川さんはひどい船酔いになった。結局、この島に機材を運搬することは論外となった。男鹿半島にも行ってみたが、ここも立地が狭くて難しかった。しかし、秋田県側の熱心な誘致活動もあって、海岸を広く使える道川海岸に決定した。

道川海岸では、30センチの「ペンシル300」の斜め発射の実験からスタートした。報道陣が見守るなか、ロケットがバックしてランチャーから落ち、地面を這いずり回るという大事故寸前の失敗もあった。

ペンシルロケットの実験はここで終わりとなり、次は燃料が外径65センチ、内径7～5ミリに大型化したベビーロケット(固体燃料)が計画された。ベビーロケットは2段式で、S型(発煙剤を詰めたもの)、T型(テレメータを搭載)、R型(写真機を搭載)の3タイプがあった。国際地球観測年(IGY)の観測データ回収のために、R型は宇宙からの帰還を目的としたものだった。

ベビーロケットの達成高度は富士山よりやや高い程度だったという。当時、高度100

キロをクリアできる観測ロケットは、米国のV2ロケット、バイキング、エアロビーとフランスのヴェロニクしかなかった。これらは、すべて液体燃料だった。

ペンシルロケット以来、「固体燃料を使っているから、到達高度に達しないのではないか」とか、「外国のように液体燃料に方針転換すべきだ」と、糸川チームは批判され続けていた。これに対して、糸川さんはこう断言した。

「外国の後ばかり追い回しても意味がない。これまでの実験結果から、固体燃料で問題ない。ここから一気に高度60キロから100キロを狙う」

液体燃料ロケットでは、30分以上かけて燃料と酸化剤のそれぞれをタンクに充塡(じゅうてん)する必要がある。他方、固体燃料ロケットでは、あらかじめ燃料と酸化剤を混ぜ合わせたものを積み込んでいるため、迅速な打ち上げが可能だ。それぞれには、次のような長所と短所がある。

固体燃料ロケット

- 構造が簡単なので取り扱いが容易である。
- 誘導制御が難しい。

液体燃料ロケット

- 構造が複雑なので取り扱いが難しい。

糸川さんとベビーロケット（写真提供：林紀幸さん）

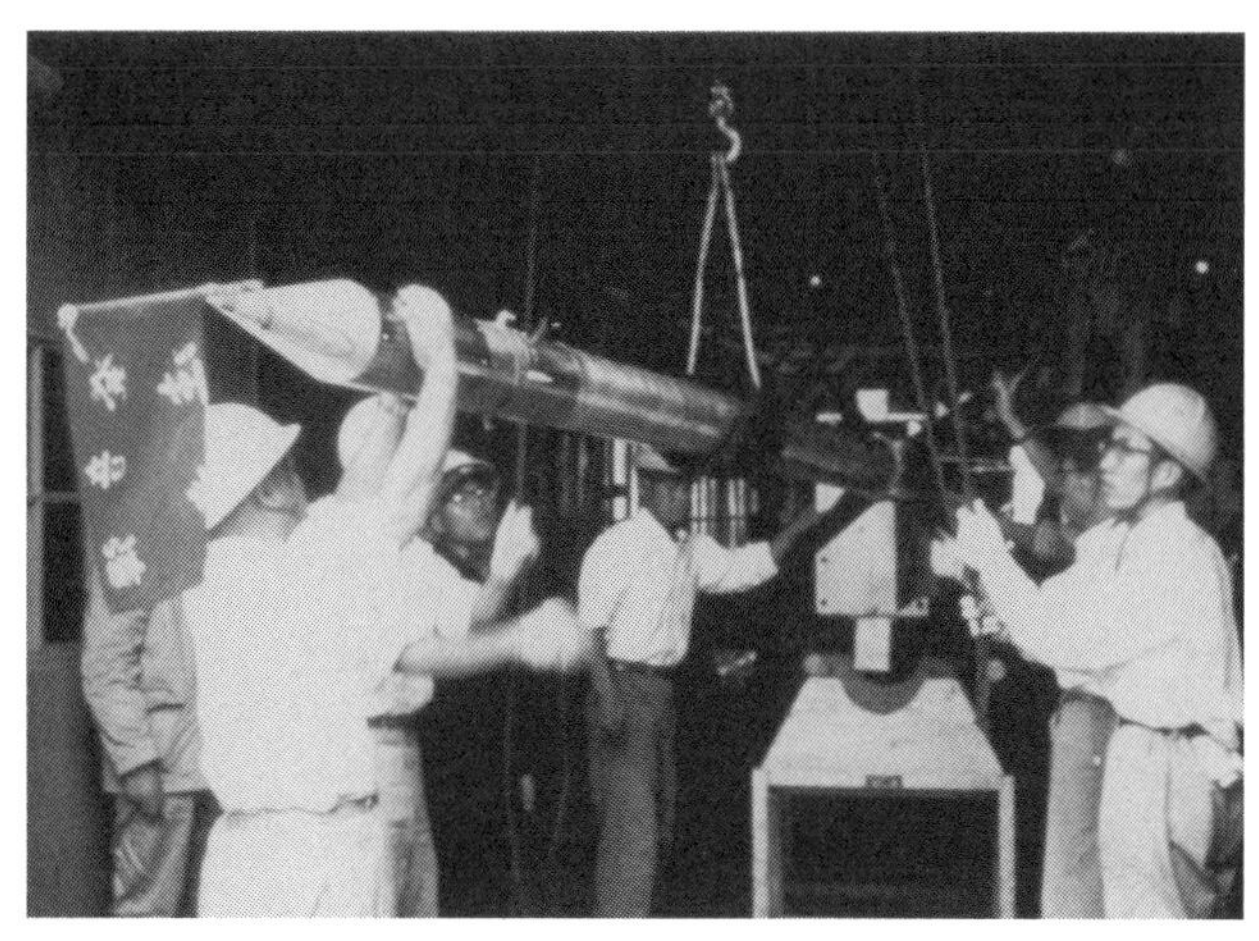

カッパロケットの打ち上げ準備（写真提供：林紀幸さん）

・誘導制御において優れている。

日本のロケット研究には２つの流れがある。１つは、ペンシルロケット打ち上げから国際地球観測年（ＩＧＹ）での観測衛星打ち上げをめざした文部省（現文部科学省）、東大、富士精密工業（現ＩＨＩエアロスペース）の流れで、ここでは固体燃料を使用している。現在の発射場は、鹿児島県内之浦宇宙空間観測所だ。

もう１つは、科学技術庁から合流した現在のＨ３ロケット（三菱重工）の流れで、ここでは液体燃料を使っている。現在の発射場は、鹿児島県種子島宇宙センターだ。液体燃料の技術は、平和利用と輸出禁止を条件に米国から技術供与されたものだ。徐々に国産化率を高め、Ｈ２ロケット（ＬＥ－７）

に至って、国産化に成功した。

カッパロケット、電離層に到達

1955年10月から、ベビーロケットより大きなカッパロケットに実験が移った。しかし、日本油脂武豊工場にある燃料の圧伸機では、直径11センチのマカロニ状の固体燃料が製造できる最大のもので、カッパロケット（K－1型）は高度10キロを超えられなかった。

そこでニトログリセリンとニトロセルロースの2つのニトロをベースにした「ダブルベース」の固体燃料から、推進力を上げるため酸化剤と燃料剤などを混合し固めた「コンポジット推進剤」に変更することになった。

コンポジット推進剤がカッパロケット（K－6型）に搭載されたのは1958年6月。3カ月後の同年9月、ロケットが高度60キロに到達し、上層大気の風、気温等の観測データを得ることができた。国際地球観測年（IGY）の期間は1957年7月から1958年12月までだったので、ギリギリ間に合ったのだ。

1960年、カッパロケット（K－8）が高度200キロを超え、電離層（F層）に届くようになり、日本中の科学者を驚喜させた。観測ロケットを国際地球観測年の期間中に自力で打ち上げることができたのは、米ソを除くと日本とフランスだけだった。

K－6のエンジンの直径は25センチだ。K－8は42・5センチだった。この段階で糸川

打ち上げられたミューロケット（写真提供：林紀幸さん）

さんの頭の中では、ラムダ（L）は直径が74センチ、ミュー（M）は直径1・5メートルという計画ができていたという。かなりの計測器を月に運ぶことができる直径2・2メートルのシナリオも持ってはいたが、ミュー（M）でストップするという決定を自分なりにしていたようだ。

世界初の山の中の発射場

ロケット旅客機であるAVSA構想から科学目的の国際地球観測年（IGY）参加というミッションが、これで完了した。しかし、高度が高くなれば日本のロケットが、道川の発射場から朝鮮半島に誤って落ちてしまってもおかしくない。そこで舞台が太平洋沿岸の鹿児島県内之浦に移ることになる。

秋田に次ぐロケット発射場を求めて、北海道、青森、茨城、和歌山、宮崎、鹿児島と太平洋岸を調査した。鹿児島の陸の孤島と呼ばれる内之浦にたどり着いたのは1960年のことだ。内之浦の海岸は山また山で、秋田の道川のような海岸はない。あきらめかけて帰路に就いた糸川さんは、尿意を催して車を降りた。そのとき、峠から見た眺めに、「ここだ！」と糸川さんは叫んだ。

あっちの山は発射場、こっちの山はレーダー台地、こっちの丘はコントロールセンターと次から次へとアイデアが閃いたが、大蔵省の予算獲得が難航した。糸川さんは山の上を削れば台地ができるし、その土で道路をつくればいいと考えた。

ところが、諮問された審議会には地質学の専門家がいて、「山の中に硬い岩盤のシンが通っていたら削るのは難しい」とネガティブな意見が続いた。そのとき、糸川さんのペア・システムのパートナーである高木昇氏（電子工学の専門家）の発言で、事態が好転する。

「これまでロケットの発射場が山の中につくられたことはない。どの国もだだっ広い砂漠地帯にある。そのため、高いアンテナが必要で苦労している。その点、糸川さんの案は、いちばん高い山の上にアンテナを乗っけるだけですむので、費用が節約できる」

この発言の効果で、内之浦発射場案が決定し、1961年に工事が開始された。面白いことに、大蔵省に大反対された山岳地帯のロケット発射場は、完成後に国際科学会議（ICSU）の下部組織の国際宇宙空間研究委員会（COSPAR）から「世界で最もユニークな発射場である」と認定され、表彰されている。

世界には、日本のように簡単に平地が使えない国がたくさんある。糸川さんが後年語っていた話では、当時、平地のほとんどが農地だったフランスから「南米ギアナに土地を借りて、共同の発射場をつくらないか」と打診されたという。

だが、南米はヨーロッパからは大西洋を挟んで近いが、日本からは太平洋を渡ってパナマ運河を通る必要があるから遠い。この共同発射場案を糸川さんは断り、内之浦を選んだ。ロケット発射場は平地につくるものという世界の常識に糸川さんが反逆したことで、国際機関の評価につながったのである。

内之浦宇宙空間観測所の正面玄関を出ると、宇宙科学資料館がある。ペンシルロケット、ベビーロケット、カッパロケット、人工衛星などが陳列されている。何より感動的なのは、順路最後の出口前の左右に飾られている色褪せた折り鶴の短冊だ。そこには、「内之浦町婦人会」と書かれている。

ロケットの打ち上げには、爆音が伴う。漁業権はもちろん、農家の牛や鶏にも影響があり、地元住民が反対するのは当然だ。しかし、糸川さんらの始めたプロジェクトは、地元にしっかり受け入れられている。折り鶴はその証拠だ。この折り鶴を見るだけでも、内之浦宇宙空間観測所に行く価値がある。

ついでに言えば、大隅半島からフェリーに乗って知覧に移動すると、特攻平和祈念館がある。外庭には、特攻機として利用された隼が展示されている。その一直線の翼は糸川さんが設計したものだ。

「軍事目的ではない」

ロシア語では、ロケットもミサイルも「ラケータ」という同じ単語だ。独学で学んだロシアの科学者ツィオルコフスキーがロケット方程式を生み出したのは1897年だ。ロケットのルーツは、ロシアだった。

糸川さんがペンシルロケットの試射実験を行ったのは、敗戦の年から10年後の1955年4月12日。当時、国民の戦前・戦中の記憶はいまより生々しかった。国会では、野党の社会党が軍事目的になり得ることから、ロケット研究には反対の立場だった。

秋田県・道川の発射場でのカッパロケット(K－6型)は、国際地球観測年の地球観測が目的だから科学目的だったが、内之浦の人工衛星計画は「人工衛星を弾頭に換えるだけで軍事目的になるのではないか」との疑念を抱かせた。

固体燃料ロケットは、構造が簡単なので取り扱いが容易である反面、誘導制御が難しい。他方、液体燃料ロケットは、構造が複雑なので取り扱いが難しい反面、誘導制御において優れている。そのため、軍事目標を狙いやすいという特性がある。

そこで糸川さんは、固体燃料が苦手な誘導制御を一切行わず、人工衛星を軌道に乗せる方式を考えた。これなら、軍事目的には向かない。方法は単純。ロケットは放物線を描いて上昇し、地球の引力によって、頂点から下降していく。そのときの放物線のカタチ、方向、大きさ、高さは、ロケットを発射したときの力と方向で決まる。

これらはすべてニュートン力学で計算できる。糸川さんは完全に自然科学の法則をベースに、一切の誘導制御を行うことのない人工衛星の打ち上げ手段を生み出した。この方法は、ロシアの宇宙工学のテキストに「グラビティ・ターン」(重力ターン)として紹介されている。

JAXAのWebサイトによると、1961年2月、当初はロケット打ち上げに反対の立場だった地元選出の社会党参議院議員・佐多忠隆氏が、内之浦で50人の聴衆を前に「内之浦のロケットは学術研究のためのもので、軍事目的に使われる心配はないから、社会党本部としては賛成だ」と講演している。内之浦の一部にくすぶっていた不安の声は、これを境にピタリと沈静化した。

糸川さんは社会党が賛成に回る前年の11月、佐多議員にグラビティ・ターン方式などについて説明していたという。根回ししていたのだ。特に問題の起きそうな漁業連合会には、地元の鹿児島はもちろん、宮崎県や大分県にまで足を運んで、事前に理解を求めていた。

中東の砂漠で聴いた人工衛星「おおすみ」の成功

1966年9月、ラムダ4Sロケットによる人工衛星への挑戦が開始された。4回の失敗を経て、グラビティ・ターン方式で人工衛星「おおすみ」が打ち上げられたのは、1970（昭和45）年2月11日のことだった。

糸川さんは、1967年に東京大学を退官していた。人工衛星を上げたのは、糸川さんの弟子たちだった。糸川さんは、優秀で粘り強い弟子たちに恵まれた。「糸川ロケットは軍事目的だ」との国会での批判を封じるかのように生み出されたグラビティ・ターン方式は、方向転換になんの操作も不要で、ニュートン力学だけを利用する。この方式は、ニュート

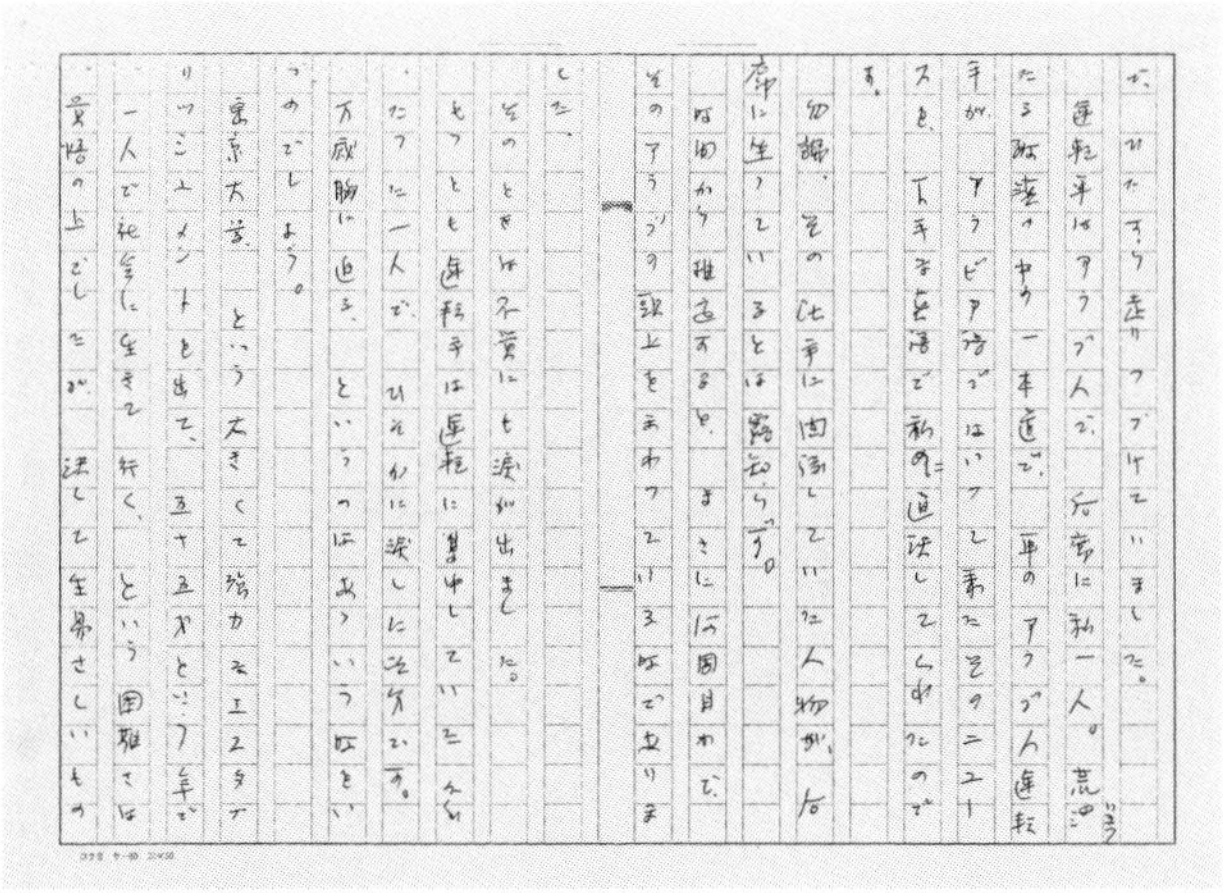

だ。ひたすら走りつづけていました。
運転手はアラブ人で、後部に私一人。荒涼
たる砂漠の中の一本道で、車のアラブ人運転
手が、アラビア語ではいって来たそのニュー
スを、下手な英語で私に通訳してくれたので
す。

勿論、その仕事に関係していた人物が、後
席に坐っているとは露知らず。
時間から推察すると、まさに15周目かで
そのアラブの頭上をまわっているなど知りま
した。
そのときは不覚にも涙が出ました。
もっとも運転手は運転に集中していたので
、たった一人で、ひそかに涙したのです。
万感胸に迫る、というのはあゝいう時をい
うのでしょう。
東京大学、という大きくて強力なエスタブ
リッシュメントを出て、五十五才という年で
一人で社会に生きて行く、という困難さは
、覚悟の上ではしたが、決して生易しいもの

糸川さんの自筆原稿（写真提供：林紀幸さん）

ンを生んだ英国の航空宇宙科学者や科学評論家から注目を集めた。

糸川さんとロケット開発をともにした「ロケット班長」林紀幸さんは、都内の自宅に糸川さんのパスポートやゲーテ全集の「ファウスト」所収の1巻など遺品をいくつか保管している。その中にペンシルロケット25周年で宇宙新聞に依頼されて寄稿した自筆原稿がある。その一部を紹介する。

最初の日本の人工衛星が、東大ロケットチームで上げられ、軌道に入った日は、私はアラブのクエートと、サウジアラビアの間の国境あたりを、一台の車で、ただ一人で、ひたすら走りつづけていました。（中略）アラビア人運転手が、アラビア語で入ってきたそのニュースを、下手な英語で私に通訳してくれたのです。(中略)時間から推定すると、まさに何周目かで、そのアラブの頭上をまわっている時でありました。そのときは不覚にも涙が出ました。

原稿の冒頭に近い箇所には、糸川さんはこう書いている。

「戦後の貧困、耐乏、毎年の赤字国の中で、世界中から、『貧乏人の子沢山で、戦争に負けた国』として憐みとも、さげすみともつかない環境があったわけです」(文中ママ)

ここに、糸川さんのロケット研究の隠された動機が見えてくる。人工衛星「おおすみ」の成功を中東の砂漠地帯で知った糸川さんの胸中が痛いほど分かる。

糸川さんのイノベーションには、「反逆の法則」が至るところに存在している。それは日本で評価されなかったとしても、世界の人たちから評価された。

山岳のロケット発射場は国際宇宙空間研究委員会に評価され、グラビティ・ターン方式はロケット発祥の地であるロシアの教科書に掲載され、ニュートンを生んだ英国の科学者にも評価された。

日本はイノベーションを生み出すには難しい国と言われてきた。糸川さんでさえ、厳しい批判や冷たい無視にあった。しかし、糸川さんはその都度、他の人が思いつかない方法を見つけ、壁を突破してきた。「逆境は成長のルーツである」と口癖のように言っていた。批判や無視にあっても、評価する人は世界のどこかに必ず存在する。

糸川さんのイノベーター人生は、これからイノベーションをめざす人にとって、大いに参考になる。

第IV部

人生のイノベーター

第9章 焼き鳥の串と『逆転の発想』

本章では、糸川さんの人生から見つけ出した「手のひらの法則」「反逆の法則」「物語共有の法則」の3つの法則をベースにした糸川さんのHow To Innovate、創造性組織工学についてまとめる。この体系は仮説であり、原理である。

因みに糸川さんは、「創造性組織工学」という名称が長いため、これを

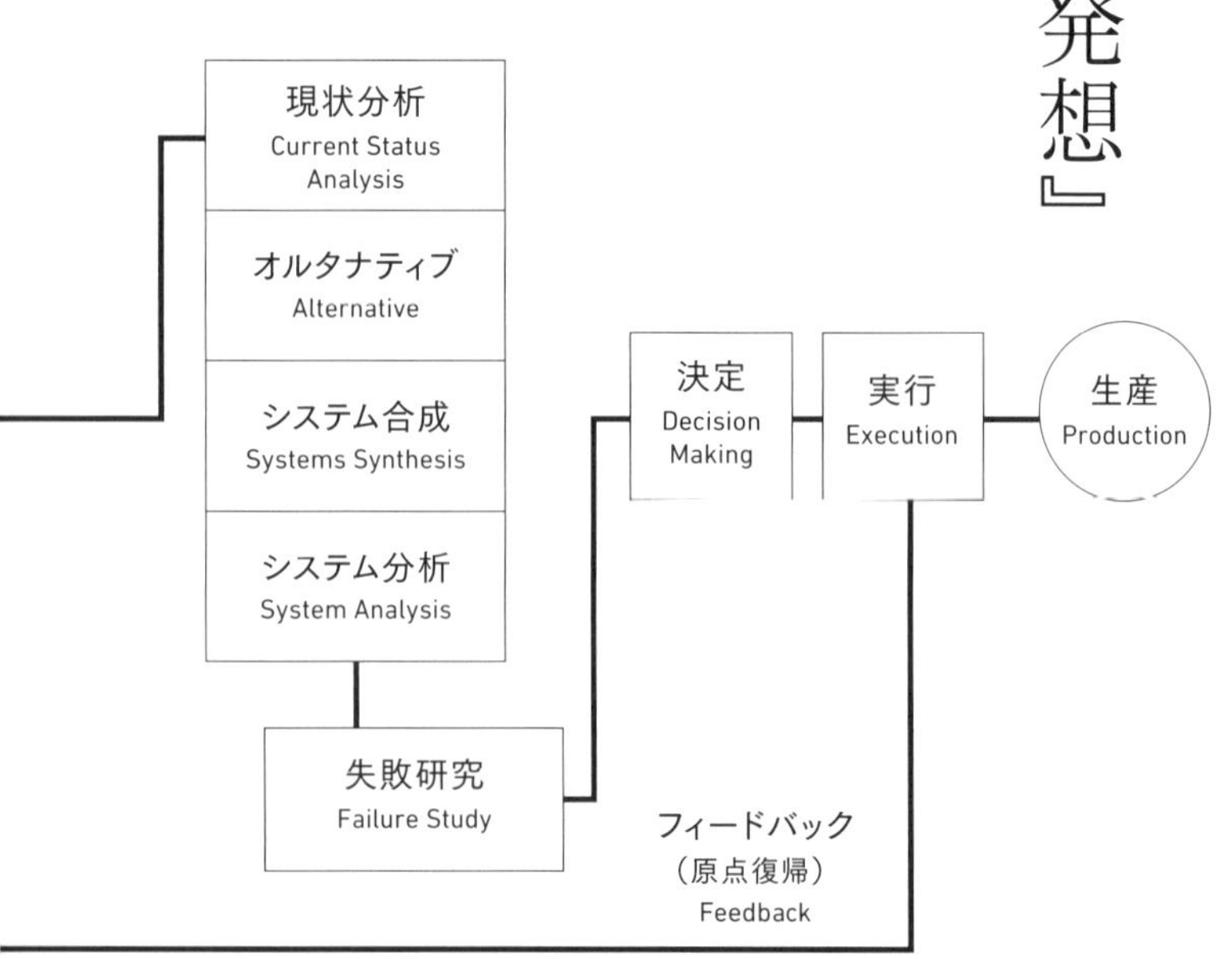

出典：『糸川英夫の創造性組織工学講座』所収の図を一部修正

「組織工学」と呼んでいた。創造性組織工学の全体は、図2のフローチャートに示されている。

飛行機、脳波記録装置、バイオリンまでは、86ページの図1で実施できる。ロケット研究は複雑性が高いため、図1のプロセスだけでは不足で、図2に示したその他のプロセス（現状分析、システム合成／分析、失敗研究など）がプラスされる。

ジェラシー（嫉妬）とグラッジ（恨み）

糸川さんは、人工衛星「おおすみ」が軌道に乗る前に東京大学を退官している。辞めた原因は諸説あるが、糸川さん自身がどう考えていたかについては、1990年のフラン

図2　創造性組織工学のフローチャート

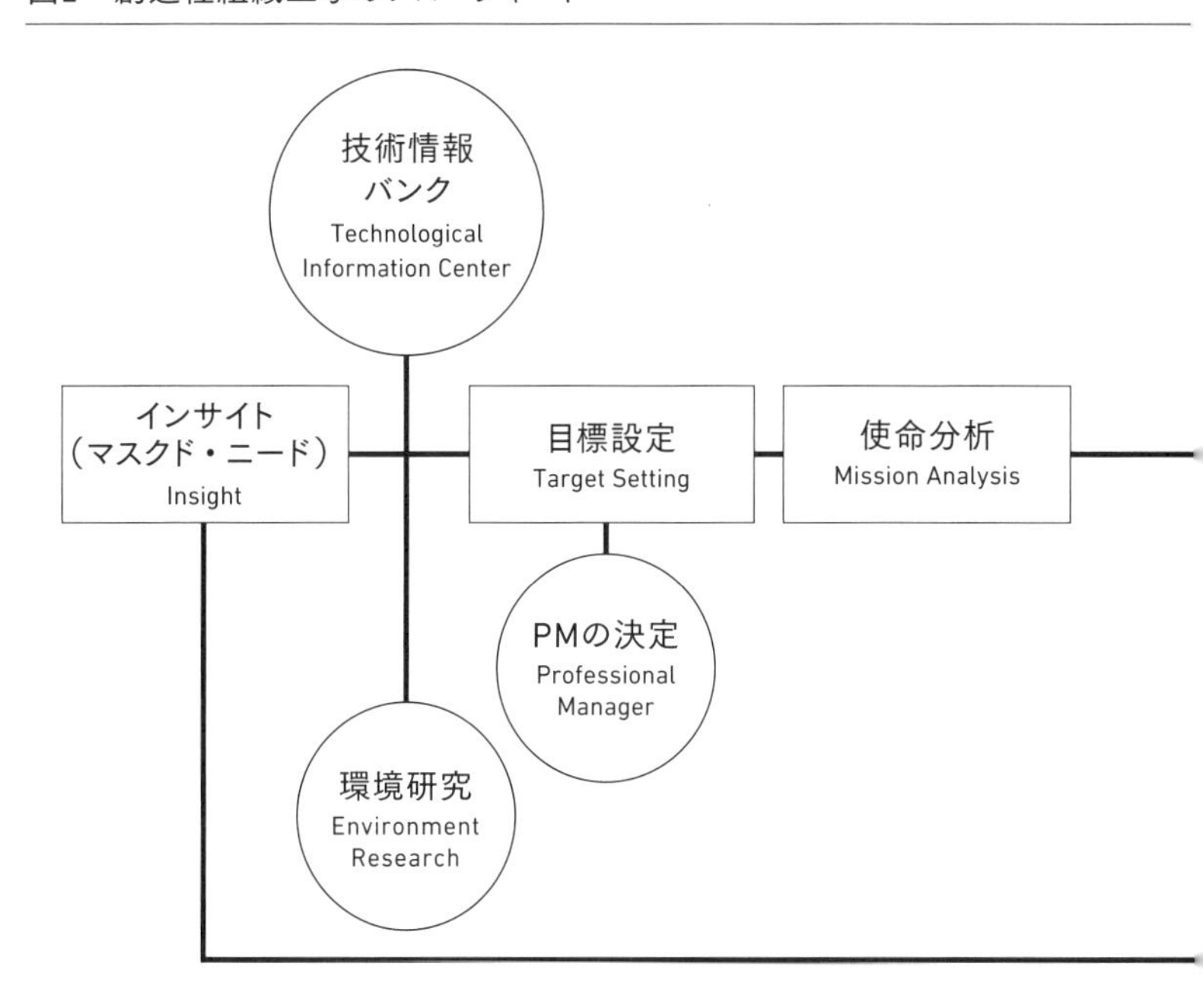

ス国立ポンゼショセ大学（ＥＮＰＣ）で行われた国際経営講座ＭＢＡ（ＥＵのリーダー養成講座）の講義内容が参考になる。同大学は、１７４７年に創立されたフランス最古の名門グランゼコールだ。

糸川さんの講義テーマは、「ジェラシーとグラッジのマネジメント」（嫉妬と恨みのマネジメント）だった。講義は1学期36時間の講義を3日間連続で行うもので、当時80歳を超えていた糸川さんは、1日12時間もの間、立ちっぱなしで講義を行った。

講義に参加したエッセイストの浜田マキ子氏は、ブログ「浜田マキ子ジャーナル」にそのときの模様を書いている。

初日の朝9時、糸川さんの講義に出席している学生はたったの5人だった。しかし、糸川さんはいつものように参加者の数など意にも介さず講義を始めた。その後、講義の内容が評判を呼び、36時間の講義が終わったときには、教室が聴講生で溢れ返り、通路にもぎっしり学生が座り込んでいたという。ヨーロッパ中から集まったエリートらが、真剣に講義に聴き入っていたのだ。浜田さんによると、講義は以下のような内容だった。

君たちはポンゼショセ大学の大学院に来るほどの能力と資格を既に持った人たちだ。能力にはもはや問題はない。自分の勉強したことを生かして何かを実現しようとするときに一番心しなければならないのは人間のマネジメントだ。

多くの仲間の能力を活かし、目標達成のためによいチームワークを組むことは当然であるが、そのとき一番心くばりをしなければいけないのは、上下左右の人間のジェラシーとグラッジ（恨み）をいかにさばくかである。

ジェラシーやグラッジは、人間だれもが持っている向上心とは裏腹のものである。ところが、若いと、または若い君たちが仕事に夢中になっていると、まわりの人が君たちの純粋に夢中になれることそのものも、人は羨ましく思っているということにすら気がつかないことが多い。

ちょっとした愚痴や悪口が上司の耳に入って誤解を生じ、仕事をストップさせてしまうこともある。結果として目的の仕事が完成しなかったら、君たちの努力も能力も無いのに等しくなってしまうのだ。

糸川さんのロケット研究は、ペンシルロケット以来、実験の繰り返しだった。それは未知の分野を築き上げるためには必要な実験だった。したがって、実験が完成に至らなければ、ロケットは上がらない。だから、実験を繰り返しているのである。

ところが、ロケットを実験発射するたびに、ある新聞は「糸川ロケットまた失敗！」と大見出しで書き立てた。そのため、徐々にロケット研究の予算を取るのが大変になり、そのために最大のエネルギーを費やさなければならなくなった。

当時の米国は、日本がミサイルに直結する固体ロケットを自主開発することを好まず、米国の液体ロケット技術を買うように圧力をかけていた。そうした動きに、糸川さんは「自主開発だから伸びるのだ」と主張していた。

糸川さんは、自分に対するネガティブ・キャンペーンに嫌気がさした。その頃、東大のなかでも、宇宙物理学者の間で、独立した「宇宙科学研究所」を設立すべきだという議論が白熱していた。宇宙科学は学問の府である東京大学の対象になるが、ロケット屋の仕事は研究開発が終われば、あとはルーチンになる。

そこに必要なのは新しい組織で、荒地を開拓してレールを敷くために闘ったあらくれ男は必要ない、というのが糸川さんの考えだった。

しかし、物理学者はロケットグループがいないと不安なことから、分離したくなかったという。結果的に当時の東京大学の茅誠司総長に押し切られ、日本の航空機産業が皆無という状況を改善するという意味も込めて、1964年に東大生産技術研究所（龍土町）の一部と東大航空研究所が合併し、東京・駒場に「東京大学宇宙航空研究所」という「航空」という言葉が入った研究所が設立された。

糸川さんはしばらく龍土町の生産技術研究所に居座っていたようだが、翌年には重い腰を上げ、駒場に引っ越している。糸川さんにとって、宇宙航空研究所の仕事はすでにレールが敷かれ、ダイヤがセットされている状態で、ここでの2年間、なんの仕事もしなかった。

糸川批判の背景には、様々なことがあったと言われている。糸川さんの脇が甘かったとも言えるし、メディアのチェック機能も必要だったのだろう。1967年3月20日、糸川研究室の大学院生7人が糸川教授室に呼ばれた。

「私は辞めます。皆さんのことは、すでにほかの先生にお願いしてあるから、どうか頑張ってください」

この言葉を最後に、糸川さんは東大を去った。

糸川さんが東大を退官したことで、糸川批判は沈静化する。そして、ルーチンワーク化しつつあったロケット研究は、後継者に任せようと糸川さんは考えた。

すでに糸川さんは1964年に東京・赤坂見附の三銀ビル（現在はベンチャー用のSOHOオフィス）にポケットマネーで一室を借り、「システムズ・リサーチ・ラボラトリー」（組織工学研究所）の看板を掲げ、少数グループの勉強会を開催していた。ロケット研究の次の目標が見つかったのだ。

組織を使命でデザインする

糸川さんがロケット研究の次に着手した創造性組織工学では、組織そのものを研究の対象として捉えた。机やイスにも使命があるように組織にも使命があり、使命に合わせて組織をデザインすべきだと考えたからだ。創造性組織工学は、組織の使命は次の3つになるとしている。

- 保存型組織　完全に保存を使命とするもの
- 修理型組織　修理を使命とするもの
- 創造型組織　新しいものをつくり出す創造を使命とするもの

保存を使命とする組織は歴史的には古く、組織として成功しているものがたくさんある。カトリック教会はローマ教皇を頂点としたピラミッド型の組織構造で、その使命は聖書の教えの維持にある。聖書を改造して言葉を変えてはいけない。この保存型組織が近代国家の政府機構にそのまま取り入れられたため、政府も陸海軍も保存型組織になった。

修理を使命とする組織は、自動車修理工場や病院のような組織だ。故障した人間が入ってくると最短時間で修理して社会に復帰させるのが使命になる。修理工場の特徴は、インプットがいっぱいになるか予測できないこと、修理を頼んだ相手は最短時間での修理を要求することだ。

病院の場合、院長から副院長、内科、外科部長と階層構造に分かれている。人間の身体はあらゆる部局をヨコに回さないと原因の発見ができないにもかかわらず、現在の病院の組織は宗教団体の組織と同じで縦系列のピラミッド型組織構造になっている。

日本人が苦手とするのは、創造を使命とする創造型組織だ。これをどうつくり、どう運用し、成果を出すか。それをまとめたのが、創造性組織工学だ。現在の日本では保存型組織が一般的だが、その組織が創造型組織に変身できれば、イノベーションを生み出しやすくなる。

保存型組織を創造型組織に変えることは、組織のトップであれば可能かもしれないが、通常は難しい。保存型組織だらけのこの国で創造型組織をどうデザインするか。これこそ日本のインサイトだ、と糸川さんは考えた。

前例があった。ロケット研究は創造的なものだが、保存型組織の生産技術研究所から生み出された。つまり、保存型組織を変えることなく、創造的組織をビルトインする方法があるのだ。この自分の経験がベースとなって、糸川さんの創造性組織工学が創造された。

それは、図2のインサイトから使命分析までの流れから創造された。飛行機やバイオリンやロケットのようなハードウェアではなく、システムだ。システムであれ、ハードウェアであれ、仕事の仕組みであれ、図2の流れで生み出すことが可能だ。図2の流れを身につければ、あらゆることに応用可能だ。

タコツボ化する組織

太平洋戦争における日本の敗因は、日本軍が終始一貫してチームワークを組むことができなかったことが大きい。糸川さんが働いていた中島飛行機では、陸軍御用達と海軍御用達に会社が二分されていた。総務から人事、現場から設計に至るまで、すべてが2つに分かれ、お互いが別々の仕事をしていた。当然、部品の規格も全部違う。

戦時中、パイロットで問題となったのは、航空地図が陸軍と海軍で違ったことだ。戦争末期に陸海軍が共同作戦をやろうとしたが、地図の違いが大きな障壁となった。糸川さんは、「この戦争は米国と戦っているのではなく、日本の陸軍と海軍が戦っている、と思ったぐらいだ」と語っていた。

戦争末期の沖縄決戦のとき、そこに回す艦船がないことを理由に、陸軍の兵士を沖縄に輸送することを海軍側が拒否したという話もある。陸海軍ともにタコツボ化した組織であり、タコツボ同士は交流がなく、反目し合っていた。

米国式システム工学

創造性組織工学には原型がある。それは、米国で生まれたシステム工学だ。システム工学とは、電気、電子、建築、土木、機械、情報、環境などの工学を束ねる「工学のための工学」と呼ばれるもので、大規模で複雑で多くの専門家を必要とするアポロ計画などが、システム工学で実行されて有名になった。

糸川さんはロケット研究の頃、システム工学を当時人気のテレビ番組『スパイ大作戦』に擬(なぞら)えていた。『スパイ大作戦』は映画化され、トム・クルーズ主演の『ミッション：インポッシブル』として世界的にヒットしたシリーズとなった。

『スパイ大作戦』は各種専門家と奇想天外な道具がたくさん出てきて、それらが絡み合ってミッションを達成する構成になっている。道具と人間によって、1秒の狂いもなく事が運ばれていく。ミッションは本部から与えられ、「当局は一切関知しない」とテープが流れ、自動的に消滅する。

林紀幸さんは、東京大学で42年間、ロケットプロジェクトに携わってきた通称「ロケット班長」だった。その林さんは、創造性組織工学を次のようにわかりやすく説明している。

ペンシルロケットの記録映画は海外で予想外の人気を得た。これくらいのロケットだったら、日本が作ってもなんてことないだろうという発想だ（ペンシルロケットは敗戦から10年後のこと）。しかも、日本国内の多くの関係者の気持ちをほぐす効果もあった。しかし、だんだんと大きくなり、いまはミューロケットとなった。つまり、物事を最初にはじめるときは、小さなものでみんなを安心させて、だんだん大きくしていく方法がある。最初から大きなものでは、おそらくどこかで潰されていた。

プロジェクトチームの存在は、共通の目標の完成以外には、それを通して個々の独立した専門分野に進歩をもたらす。これが、糸川さんのいう創造性組織工学（Creative Organized Technology）というものの一番の狙いになっていた。糸川さんが最初に集めた人材は、ある分野でどんどん大きくなっていった。またそのことで、糸川さんはどんどん自分の仕事がやりやすくなった。

創造性組織工学は、米国で生まれたシステム工学が原型になっている。システム工学は、あらゆる専門家を束ねるものだ。また、日本のロケット研究が示したように、ペンシルロケットのような実用最小限の製品（MVPモデル）から始めれば、そこに参加した専門家の専門性を高めることにつながる。

ペンシルロケットの最初の実験チームの35名は、ベビー、カッパ、ミューとロケットが大きくなるにつれ、専門家としての存在感も大きくなり、チーム内の連携も強固になっていった。

焼き鳥の串

糸川さんは、システム工学を「焼き鳥の串」と表現した。ロケットという1つの大きなシステムを構築するために、1人では到底マスターできない様々な分野が協力し合っている。日本の宇宙研究に限らず、どこの国の宇宙機関でも、ロケット部門には専門の異なる様々な領域の人がひしめき合っている。分野がまったく違っていると、話をまとめるのが難しくなる。そこでシステム工学という新しい分野が生まれてきたのだった。

焼き鳥は、ネギやタンやハツやレバーが1本の串に刺されて食べやすいようになっている。串そのものは食べられないが、多くの肉や野菜を1本にまとめて提供される。これがシステム工学の真髄なのだ。「システム工学＝焼き鳥の串」とは、実にわかりやすいメタファーだ。この焼き鳥の串は、いまのＪＡＸＡにも脈々と受け継がれている。

糸川さんは、システム工学から創造性組織工学をどうやって体系立てたのだろう。糸川さんは、「いつの時代も研究のスタートになるのは名著だ」と語っている。そこで、糸川さんが組織工学研究所を設立する１９６７年以前のシステム工学の関連書籍を調べてみた。それまでに国内で翻訳出版されたのは、Ｈ・Ｈ・グッド、Ｒ・Ｅ・メイコール著、森口繁一監訳『システム工学 大規模組織の設計への手引』（日本科学技術連盟）が唯一だった。日本にシステム工学を体系的に紹介した最初の書籍だ。

アポロ11号が月面着陸したのは１９６９年。それより10年以上も前に書かれたものだ。著者のグッドはコンピュータ・エンジニアでミシガン大学教授、メイコールは米オペレーションズ・リサーチ学会会長で、ノースウェスタン大学ケロッグ経営大学院の教授だった。アポロ11号が月面に着陸した年、糸川さんが監修したＨ・チェスナット著『システム工学の方法』（日本経営出版会）やA・D・ホール著『システム工学方法論』（熊谷三郎監訳、共立出版）が相次いで出版されている。どの本の事例でも、システム工学は大規模で複雑で専門家をたくさん必要とするプロジェクトで活用されている。だが、これらのシステム工学の本と、糸川さんの創造性組織工学とは大きく異なる。

ゴールの法則

糸川さんの創造性組織工学の特徴は、林紀幸氏が指摘しているように、小さくてシンプルなペンシルロケットをだんだん大きくしていくことによって、参加するあらゆる専門家や人材が成長していくことにつながるというものだ。このことをジョン・ゴールによって提示された「ゴールの法則」から考察してみよう。糸川さんが監訳したジョン・ゴールの『発想の法則　ものごとはなぜうまくいかないか』（1978年、ダイヤモンド社）には、次の2つの法則が収録されている。

【ゴールの法則15　複雑なシステムで働いているものは、常に働いている単純なシステムから発展してきたものである】これは、ペンシルロケットからスタートした日本のロケットプロジェクトが成功した、まさに法則である。

【ゴールの法則16　ゼロから設計された複雑なシステムは、けっして働かないし、それに継ぎ足しても働くようには作れない。まず、働いている単純なシステムから取りかからな

けれ**ばならない】**これは、日本のメガバンクの大規模プロジェクトがシステム障害を繰り返した失敗を連想させる法則だ。

ゴールは、これらの法則に反する例外事項はないと断定している。しかし、「複雑なシステムが働かないのは、技術的な困難に伴う結果に過ぎない」と主張している人たちがいるのも確かだとも言っている。

重要なことは、働いている単純なシステムから複雑なシステムへの変遷が起きるメカニズムを知ることだ。最初から大規模で複雑なシステムそのものを対象とする米国的システム工学と、本質的でシンプルなシステムから発展させることによって、大規模化させていく糸川さんのシステム工学では、アプローチの方法がチームのつくり方を含め、まったく異なる。

確かに、複雑なものを複雑なままでシステム工学の手法を使い構築していく米国のシステム工学やV2ロケットのようなスタイルもあるだろう。しかし、複雑なものを必要最小限にシンプルにして、ゴールの法則に沿ってアプローチする方が、特に未知のものでは遥かにスマートに目的を達成することができる。

システム工学を使って米国の新商品開発マネジャーが開発したものは、ボーイング社のB29とデュポン社のストッキングが代表的と言われる。日本が戦争に負け、米国市場で売れる日本製品が女性のストッキング用シルクとクリスマスツリーの飾りしかなかった時代に、デュポン社が開発した化学繊維ナイロンが世界中の女性用ストッキングをナイロン製に変えてしまった。

日本は米軍のB29の爆撃によって国土は焦土と化し、戦後、日本製品はナイロンに負けた。それは、日本がシステム工学に負けたということだ。

ここで改めて、なぜ糸川さんが創造性組織工学を創造したのかを考えてみてほしい。米軍のB29を迎撃する迎撃機が間に合わず、空襲で国民に多くの犠牲者が出てしまった。そのことを悔やんだのが糸川さんだった。糸川さんはロケット開発での経験を踏まえ、B29やストッキングを生み出した米国発のシステム工学とは異なる、独自のシステム工学である創造性組織工学を考案した。その動機は推測できる。

ランド研究所の欠点

糸川さんは1967（昭和42）年4月、組織工学研究所を設立し、所長に就任する。同時に組織工学研究会が発足し、東京、大阪、名古屋、福岡、埼玉の5会場で毎月例会を開催した。研究所は、糸川さん個人が主宰する研究所だったのに対し、組織工学研究会は法人や個人などの会員組織で、糸川さんが社長だった株式会社ランドシステムが研究会を運営していた。

ランドシステムの「ランド」は、米国のランド研究所に由来する。ランド研究所は

1946年に設立された政策を提言するシンクタンクで、ゲーム理論、デルファイ法、線形計画法、システム分析などを生み出した。

インターネットは、ソ連からの核攻撃を受けた場合でも通信可能なように複数ルートから送るパケット・スイッチングという概念から生まれた。その原理を生み出したのもランド研究所だ。所員やコンサルタント計29人がノーベル賞を受賞している。経済学のケネス・アロー、ジェラルド・ドブリュー、ポール・サミュエルソン、トーマス・シェリングらだ。

ランドはオペレーション・アナリシスに磨きをかけたシステム分析を発案し、政策の選択肢を見極め、科学的に評価し、政策担当者が合理的かつ客観的な基準で判断できるようにした。このシステム分析によって、米政府の意思決定機構に貢献するシンクタンクとなった。アイゼンハワー政権からレーガン政権に至る政権中枢に大きな影響を与えてきた。

しかし、ランド研究所には手の届かない領域が1つだけあった。人間の心についての研究だ。ランドは人間を研究対象にすることが苦手だった。

「体重70キロから80キロ、身長が170センチから180センチ程度のパイロットが、敵から攻撃されたときにどう反応するのか?」

ランドは航空機の性能や武器など装置類は熟知していても、心の研究が苦手だった。これとは対照的に、糸川さんはパイロットの声を聞くために明野の飛行学校に出掛け、寝食を共にし、麻雀で一緒に遊んでいる。こうして、ユーザーの本音を汲み取った。

「アメリカン・メイド・デシジョン・メイキングマシン」——ランド研究所が得意とするシステム分析を、ヨーロッパではこう呼んだ。システム分析に人間の感情が入り込む余地はなく、まるで機械のように順列組み合わせを並べ、点数化して判断する手法だからだ。

情緒（エモーション）を重視する創造性組織工学が生まれた背景には、米国で生まれたシステム工学に致命的ともいえる欠陥があったからだ。人間には、理屈のほかに情という面がある。米国流システム工学はこの視点が徹底的に欠落していたため、日本ではうまく使えなかった。

そこで糸川さんの創造性組織工学では、情緒を理性と同じくらいの比重で重要視することになった。つまり、論理・理性と人間の情緒を同じ比重で捉え、体系立てたのである。

海洋開発へ猪突猛進

糸川さんは組織工学研究所を設立した後、宇宙とは逆の海洋開発に研究対象を移している。糸川さんは過去を振り返らない。「猪突猛進は自分の特徴である」と『私の履歴書』でも書いている。

1960年代後半、米国でシーラブ計画が構想された。米海軍の海底居住実験計画のことだ。閉鎖環境、高圧環境での生活に対する生理的・心理的影響などの研究が実施された。日本では、糸川さんが海洋開発技術産業協会を設立し、大手商社、ゼネコン、電機、化学メーカーなどが集まって、毎月、六本木スタービルで勉強会が行われた。

当時、糸川さんは石油供給が脅かされる事態が日本を襲う恐れがあると考え、海中に石油を保存するＵＳＯＳ計画（Under Sea Oil Strage System、海底石油貯蔵システム）というプロジェクトを推進していた。

主な参加企業は、太陽工業（フレキシブル容器）、クラレ（上半部基布）、日本鋼管（パイプライン）、大成建設（海底タンク施工）、東京計測（計測器系）、住友商事、丸紅飯田（海外特許および市場）、旭硝子（プラスチック系）、富士石油（貯油技術）などだった。

プロジェクトマネジャーは糸川さん。日本は国土が狭く、陸上の石油貯蔵は経済的にも高価になり、住民運動の対象となる。坪２万円が地上に貯蔵タンクをつくる限界の土地価格で、これより安い土地だと消費地が遠くなり、パイプラインの長さだけマイナスになる。これでは地上に石油を保存するのが難しい。

そこでＵＳＯＳプロジェクトでは、海中で安定を保つために空飛ぶ円盤のような形状で、湾や海岸の一部を堤防でしめ切って円筒状のタンクを設置する方法の海中備蓄が検討された。１つのユニットが1千万キロリットル、１００ユニットを日本列島の周囲に置くと、当時の日本が使用する石油の年間消費量換算で、１年から5年分に相当する。

ＵＳＯＳプロジェクトは、１９７３（昭和48）年のオイルショックの6年前にスタートしていた。しかし、計画書を官庁に提示したが予算が通らず、未完のプロジェクトとなった。

「これをやっておけば、オイルショックも楽に乗り切れた」と糸川さんは後年、語っていた。糸川さんの主張する海洋開発の骨子は、次のようになる。

- 1968年に地球の人口は35億人となり、今後の人口増加を想定すると地球上で人の住んでいない空間として海中、海底は有望だ。（現在の地球の人口は約80億人）
- 技術的難易度からすると、月にロケットを届ける方が2000メートルの海底で作業をするより、一桁やさしい。宇宙開発の方が一桁やさしいので先行した。
- 日本は海底での金鉱探しでも、海中住宅でも、水産業と海運業の既得権益への対策が必要になる。
- 海水からとれるマグネシウムは純度が高く、アルミニウムより軽量で強度を持ち、金属に添加して合金にすることで構造材としての用途が広がっている。
- 海水淡水化技術は将来有望だ。
- 海水中に溶けている酸素を海水から分離できる人工エラの技術があれば、海底ハウスは実用性がある。
- 宇宙開発は技術の波及効果はあるが、直接の投資効果はあまりない。海洋技術は水産や海底石油などの実利がある。
- 日本は戦争なしに広大な領地をとれるのは海底しかない。

- 宇宙産業は「システム技術」が中心だが、海洋開発はシステムより「モジュール技術」が主役になる。
- 潜水技術では、潜水服、潜水機、呼吸技術、耐圧技術という個々のモジュール技術が重要になる。
- 養殖では、ハマチ、クルマエビ、ホタテ貝、アワビ、ワカメ、コンブでそれぞれ異なるモジュール技術が要求される。
- 海洋資源には生物資源と鉱物資源があるが、日本は鉱物資源開発が遅れている。
- 列島周辺の寒流と暖流で漁業資源に恵まれていたが、乱獲によって限界に達している。今後、養殖増殖の技術を開発する以外にない。
- 日本企業はまず足元の得意とする生物資源開発で新しい技術開発を展開すべき。

糸川さんというと、宇宙開発・ロケット開発の父と呼ばれるが、そこを離れて以降、海洋開発に力を注いでいたのだ。

USOSプロジェクトの6年後にオイルショックが起きたのだが、創造性組織工学には未来予測の方法がいくつかある。新しい商品やサービスを作る場合、USOSプロジェクトのようなものでは数年かかる。そのため、開発完了時点の未来を予測する必要がある。図2では、それを環境研究と表現している。

第1次オイルショックを予測

糸川さんは、未来予測手法のPOSF法を使って、1973年の第1次オイルショックを半年前に予測し、的中させた。POSF法（Planner Oriented System Forecusting）では、専門家の作ったプランを入手して判断する。そのため、プランを立てる人を知ることが必要になることがある。

糸川さんはオイルショックの数年前に中東の国々を訪問し、何人かの国王に会っている。国王の年齢がみんな高いことから、世代交代が近いのではないかと思い、「皇太子に会いたい」と言ってみたところ、ほとんどが欧米に留学中だった。

そこで留学中の皇太子が、欧米でどのような処遇を受けているかを調べてみると、アラブの皇太子は欧米の大学では、あまりよい扱いを受けていないことがわかった。どの皇太子も、祖国の生活水準を先進国と比較すると、「自分たちの国の原油で先進国は繁栄を謳歌している」と考えるのではないか。糸川さんはそう考えた。

「どの皇太子も、発展途上の自国と工業国の格差を是正したいと考えるに違いない」

糸川さんは、アラブ諸国で王室の世代交代が行われた直後、石油価格が上がると予測する。1973年10月に勃発した第4次中東戦争では、イスラエルとエジプト、シリア中心のアラブ諸国が激突した。アラブ諸国から見れば、イスラエルは先進国の仲間だ。アラブの原油生産国は親イスラエル国に対する石油輸出禁止措置を打ち出し、石油輸出機構

（ＯＰＥＣ）の石油価格引き上げの結果、日本を含めた西側先進国が石油危機に見舞われた。

未来小説作家

第1次オイルショックの後、糸川さんは未来予測のデルファイ法とシナリオ・ライティング法を使って、2冊の未来シナリオを小説化した。『見えない洪水　ケースＤ』（１９７９年）と『カルチャトピア'90――サマルカンドからのメッセージ』（１９８１年）である。

専門家や意見のありそうな人を数人選び、アンケートでまとめる。これを数回繰り返すと、人々の意見が1点に集まる。このデルファイ法に参加したのは、糸川さんを含め、環境問題に詳しい現職キャリア官僚、コンピュータ・エンジニア、中東・ソ連通の国際政治ジャーナリスト、作曲家など8人だ。

彼らの結論をシナリオ・ライティング法で小説としてシナリオ化したのが、『見えない洪水ケースＤ』だ。これは１９８０年にテレビドラマ化されている。ケースＤとは、最悪のケースを意味する。

概要はこうだ。１９９９年、世界大戦は回避され、世界は国連を中心に平和が維持されている。人口は60億人に達し、食糧問題を解決するため、砂漠やジャングルにまで大規模な開発が進む。環境負荷係数が幾何学的に増大し、「30年後に破滅状態になる」とコンピュータはシミュレーション結果を出していた。

それにもかかわらず、オイル・メジャーとグレイン（穀物）メジャーは、核融合炉の開発で石油と穀物が不要になる未来を恐れ、食糧を武器に米ソの手を組ませ、エネルギーを国連管理としてOPECの石油価格支配を交代させようと画策している。これがケースDだ。このシナリオが世界に発表されると、大パニックになる。

同書を読むと、次のような表現にも驚かされる。

「久しぶりに走った首都圏高速は痛快だった。みんなが使っている電気自動車やアルコール電気ハイブリッド・モーター車には絶対ない、ガソリン車だけが持っているあの排気音とエンジン音、それにガソリンの匂い。それらはなんともいえない快楽を与えてくれた」

「そう、アメリカは世界最大の小麦産地だ。これを動かしている穀物メジャーは不気味な存在だね。カーターがそれとどう話をつけるか、もしかしたら、オイル資本よりこっちの方が政治的にはウエイトが大きくなっていくかもしれない」

「みどり藻から作ったジュースだよ。飲んでご覧。意外にうまいんだ。健康にもいい」

糸川さんが１９７９年に描いた未来シナリオは、そのまま現実化したわけではないが、電気自動車の出現など、見事に的中している。

『カルチャトピア’90――サマルカンドからのメッセージ』は、24万部のベストセラーとなった前著の続編として、同じデルファイ法とシナリオ・ライティング法で予測した小説だ。発売された1981年、糸川さんは種族工学研究所を設立している。

山本は歴史のなかで一度も人種問題で悩んだことがない。そのため、日本人は人種問題に対する認識が苦手だ。そこで糸川さんは種族の本質は何か、種族を動かしている根本的な原理は何かを解明する研究所をつくったのだ。

この小説化されたシナリオは、ウズベキスタンのサマルカンドから始まる。サマルカンドは、人々が出会う街を意味するシルクロードの都市だ。この都市には、アレキサンダー大王がギリシヤの言葉と文化をもたらし、南のインド・クシャーナ朝からはサンスクリットの世界が入り込み、北からは匈奴（きょうど）やフン族の大移動があった。

様々な文化が現れては消えていく舞台が、中央アジアのサマルカンドだった。この都市は、長い歴史の中で培ってきた文化の回廊として、異文化とのコミュニケーションのなかで生きてきた。この都市の歴史から見れば、日本で考える文化とか国際化はあまりにもローカルに見える。

小説の中では、1990年に奈良で開催する世界文化博覧会（カルチャートピア'90）を軸に、日本の世界戦略を国連に提案する。それは、文化の多様性にこそ世界の豊かさがあるということを世界に向かって示すことだ。世界の民族がそれぞれ育んできた文化に誇りを持ち、そこに自分たちのアイデンティティを保持し、しかも異文化に好奇心と愛着を持つ。そういう多様性を許容する柔軟な世界だ。

近代日本は、戦前・戦中の富国強兵、五族共和、大東亜共栄圏から、戦後は民主化、近代化、高度経済成長へと方向転換してきた。しかし、これからはそうした過去の延長では立ちいかない。一方、西欧諸国も近代以降、宗教、言語、理念など自己の価値体系を世界に押しつけ、彼らの文化体系で異文化を割り切ろうとしてきた。

日本には八百万の神を許容する文化がある。この文化の伝統を国際社会の対話の中で生かす時代が来た、と小説は訴える。小説を通じて糸川さんは、異なる文化間の対話を進める「カルチャー・ダイナミックス」（国際文化力学）を日本がリードすべきだと訴える。

当時、未来学者ハーマン・カーンが、日本は将来、軍事大国になり、核武装をすると予測していた。糸川さんは、軍事大国のアンチテーゼとして文化立国を対置させた。それが日本の英知であり、世界での役割だと糸川さんは考えた。

ミリオンセラー『逆転の発想』

1973年の第一次オイルショックを予測し、的中させた糸川さんは、翌74年10月、『逆転の発想』（ダイヤモンド・タイム社〈現プレジデント社〉）を出版する。この本は一気にミリオンセラーとなった。続編、続々編、新編（上、下）とシリーズが続き、1981年までに120万部を超えた。世の中が高インフレと不況が同時に襲うスタグフレーションに苦しんでいたとき、読者が糸川さんの発想を必要としたのだろう。

バレエのレッスンを受ける糸川さん（前掲『十人十色』から）

『逆転の発想』が出版された頃、62歳の糸川さんは貝谷八百子さんが主宰するバレエ学校に入学し、1975年10月22日に東京・日比谷の帝国劇場で行われた貝谷バレエ団定期公演『ロメオとジュリエット』で、モンタギュー伯爵として出演している。

教室には、レッスン用の高いバーと低いバーがある。最初は低いバーから始め、最終的には高いバーに移り、足を高く上げる訓練をする。最終的に、180度足が開くようにならなければならない。

62歳の糸川さんが考案した足を上げる方法は、タンスの一番下の引き出しに、読み終えた新聞紙を1日分ずつ積み重ねる。そこに足を置き、毎日、新聞紙1日分だけ足を上げていく。少しずつ関節を柔らかくしていくのだ。努力が報われ、1年3カ月ほどで新聞の山が耳の高さになり、糸川さんの足は完全に上がるようになっていた。

大宅壮一文庫で当時の週刊誌の記事を調べると、糸川さんがクラシックバレエを始めたという記事がいろんな雑誌に掲載されている。おそらくテレビでも取り上げられたはずだ。ロケットを打ち上げてマスコミにたびたび登場していた東大のロケット博士が、62歳でバレエ学校に入学したというのだから、マスコミが騒がないわけがない。

『逆転の発想』がミリオンセラーとなったのは、内容が世相に合致していただけでなく、糸川さんのバレエ公演がマスメディアに大きく取り上げられ、宣伝になったからではないか。

プロフェッショナル・マネジャーの5つの能力

創造性組織工学は、階層型組織からは創造性は生まれないという「反逆の法則」から生まれたものだが、階層型組織を否定するものではない。パーマネントな組織の給与という「マネーフロー」で制御するのではなく、階層型組織に属する各メンバーを「情報フロー」で制御し、5つの要件を満たしたアドホックチームにすればいいという考え方だ。

しかも、そこに異質なもの同士のペア・システムをビルトインしておけば、日本人の特性である和を重んじる性質とイノベーションが対立しない。日本のロケット研究で生まれた創造性組織工学が、異質性が当然のダイバーシティ経営が前提となるグローバルビジネスに求められる時代に入った。

ボーイング社では、B29を開発した新商品開発マネジャー（価値の創造主）をシステムズエンジニアと呼び、デュポン社では、ナイロンを開発した新商品開発マネジャーを「プロフェッショナル・マネジャー」（PM）と呼んだ。

糸川さんの創造性組織工学では、デュポン社の呼び名であるプロフェッショナル・マネジャーを、アドホックチームを束ねるマネジャーの呼び名とした。

PMには、次の5つの能力が必要になる。

①ゼネラリスト
1つの専門に偏る人はPMに向かない。PMは、どの分野も広く浅く知っているゼネラリストでなければならない。創造性組織工学では、一芸に秀でている人より、いろんな問題を広く浅く知っていることが重要になる。広く浅く知識を得るには、少なくとも2つか3つの会社を転職して経験を積むのがいい。

そうした経験がなければ、判断力が身につかない。問題を提起されても判断できない。専門家の人脈を持つことが、ゼネラリストには重要だ。自分では問題を深く理解できなくても、気軽に相談に乗ってもらえる人脈を各分野に持てばいい。

②すべてのメンバーと等距離で付き合う

人間関係を中立にできるかどうかは、ＰＭの不可欠な資質だ。特定の専門領域の人がＰＭになると、同じ専門領域の人と距離が接近しがちになり、専門領域外の人と距離ができてしまう。これは避けなければならない。

③イマジネーション

新しいことを始めるアドホックチームでは、イマジネーションが不可欠だ。いま現在、世の中には存在しないが、それが出現すれば、こういうものになるだろうと的確にイメージできる能力である。イマジネーションが湧くには、ゼネラリストであることが必要だ。いろんなものに接して、広く浅くわかっていることがイマジネーションにつながる。

④クールなドリーマー

ＰＭが夢に酔ってしまうと、大きな問題を見落としてしまうことがある。夢から少し距離を置いて、客観的に考えられることが必要だ。熱血リーダーではなく、沈着冷静な視点が必要なのである。

⑤ＷＯＧの能力があること

Written（書く能力）、Oral（話す能力）、Graphic（ポンチ絵やチャートにする能力）の３つの能力を使い、やりたいことを説明する能力がないと、時間がなく難しく複雑なことはわからない予算を持つ決裁権者が新しい試みを認めてくれない。

オルタナティブ発見のチャート

糸川さんの膨大な著作の中に『新解釈〝空〟の宇宙論』（青春出版社）がある。仏教の空の概念を現代物理学で解説し、自らの死生観をまとめたものだ。同時に仏典である般若心経は、糸川さんのいわゆるＷＯＧの精神から生まれたものだとしている。

２６２文字の般若心経は、『大般若経』６００巻を圧縮したものだ。『大般若経』を多くの人が読めるように圧縮し、エッセンスを抽出したものといえる。『大般若経』は玄奘三蔵が漢訳を完成させたことはわかっているが、２６２文字に圧縮した人の名前は不明だ。

しかし、その人物は、Written、Oral、GraphicのＷＯＧの能力のうち、「Ｗ」の能力の高い人だった。おかげで私たちは、わずか２６２文字で仏教のエッセンスを読むことができる。

ＷＯＧの能力のうち、「Ｇ」を使って描かれたのが、創造性組織工学の全体像を表したチャートである（図２参照）。創造性組織工学を解説した『創造性組織工学講座』に掲載され

図3　オルタナティブを発見するチャート

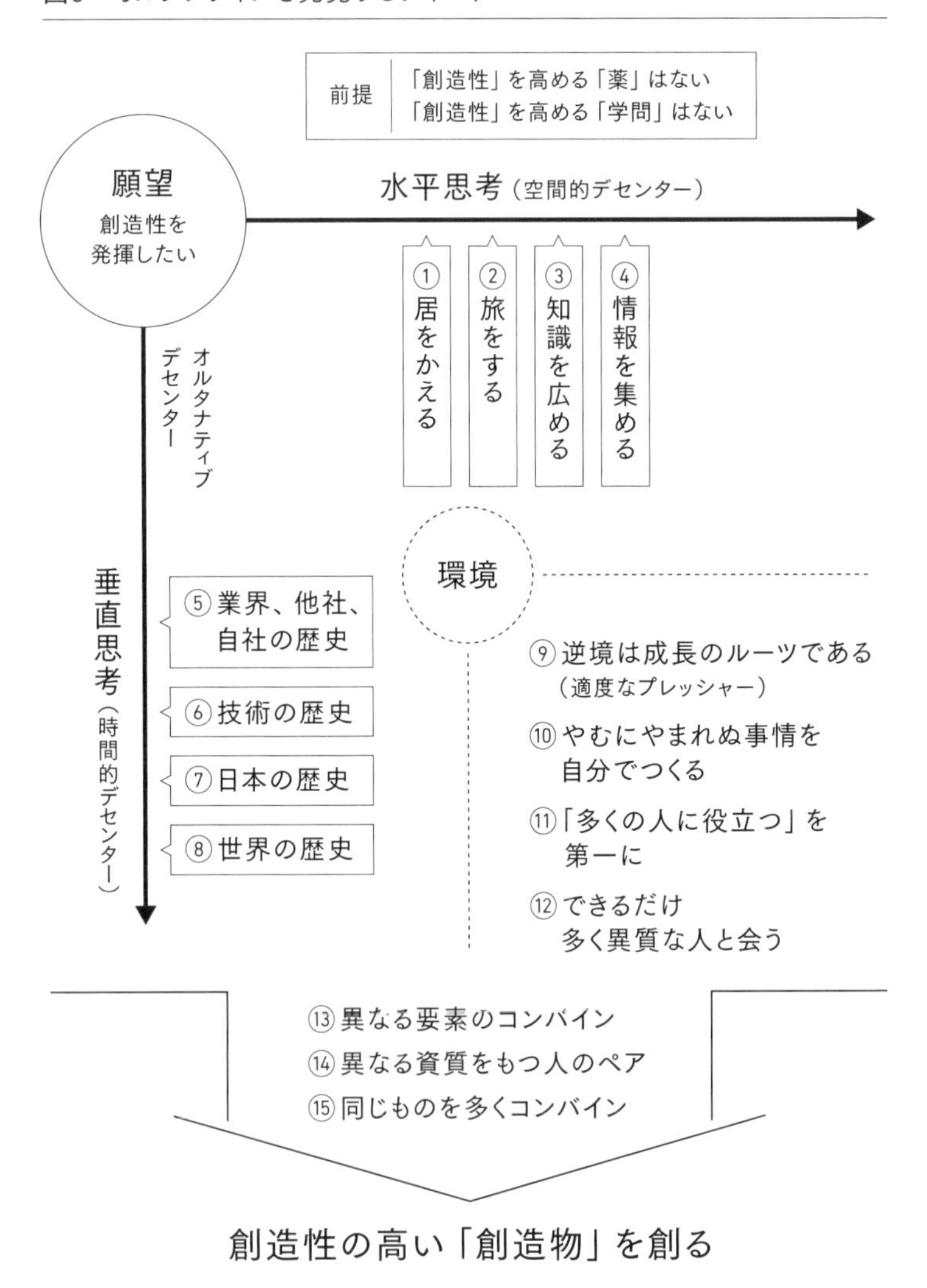

出典：『糸川英夫の創造性組織工学講座』の図を一部修正

ている。

この図2と図3を印刷し、壁にでも貼っていただければ、創造性組織工学の全体像を数分で俯瞰(ふかん)できる。

創造性組織工学を効果的に活用するためには、オルタナティブを発想する能力が必要になる。糸川さんはあらゆる知識を駆使して非常にユニークなオルタナティブをどんな分野でも発想することができた。そこで私は組織工学研究会の事務局で、糸川さんがどうやってオルタナティブを発想しているかを1枚の簡単なチャートに凝縮してみた。それが図3になる。

糸川さんは否定されがちな「日本的」なものをポジティブに考え、日本的集団主義を否定していない。ペア・システムを前提として創造性は和から生まれるという考えがあり、それを体系立てたのが創造性組織工学だ。糸川さんは、『新解釈〝空〟の宇宙論』で次のように説明している。

その評価能力によって、日本を救う方法が世界のどこか（略）で、見出された場合、長い間日本民族の思考方法を作ってきた土台を損なうことなしに、つまり過去と現在を全面的に否定しないで、新しいものを添加する、というスタイルが一つ。

もう一つの選択は、森林的思考または農耕的思考と正反対の民族、国家と一対をなして、新しいペア・システムをつくる、というものです。

前者は過去と現在（日本的集団主義）を否定しないスタイルのHow To Innovateで、後者はイスラエルとのペア・システムを起点としたHow To Innovateとしている。いずれも創造性組織工学からすると、ペア・システムの相手が日本人同士なのか、日本人とイスラエル人となのかの違いだけになる。

第10章 種族工学研究所と人生24時間法

オイルショックと種族問題

糸川さんが1つ仕事に携わっている期間は、だいだい10年だ。10年間、一生懸命仕事をするとその道で名前が通り、自分のイスができてしまうからだ。ほとんどの人はそのイスに腰を落ち着けて、前進しなくなってしまう。糸川さんは大家とか権威と言われることを嫌い、ゼロからスタートするのがいいという考えだった。

飛行機が10年、脳波記録装置やバイオリンが10年、ロケットは12年と、だいたい10年ごとに取り組む課題を変えている糸川さんだったが、東大を退官した1967年から取り組んだ創造性組織工学だけは、10年間で終えることができなかった。テキストをつくってシステム化したうえで後継者に譲ることを考えていたが、後継者候補が病死したため、それ

アラブ人の衣装を身に着けた糸川さん
（前掲『十人十色』から）

も叶わなかった。

糸川さんは1981年4月、「種族工学研究所」（Applied Ethnology Institute）を設立した。「Applied Ethnology」は、種族や民族を研究する民族学や文化人類学ではなく、種族と種族がお互いに補完し合いながら共存共栄を図る道を探る、という意味を込めていた。

1973年の第1次オイルショックは、スタグフレーション（不況下のインフレ）と円高を誘発し、日本のグローバル企業は続々と海外進出を本格化した。日本人は海外に赴任して初めて種族問題に出会った。

日本人は人種問題で悩んだ経験が少なく、人種問題に対する認識が苦手だ。そこで糸川さんは種族問題を研究し、種族というものの本質が何であるのか、種族を動かしている原理はなんであるかについて解明したいと考えた。

残念ながら、種族工学研究所の研究成果は1冊の本として出版されることはなく、10年後の1991年に閉鎖された。ここでは、断片的に発表されているものを紹介する。

糸川さんは、種族には次の4つの要件があるとしている。

- 定住地があること。1つの種族が定住地を離れれば、難民と呼ばれる
- 共通の言語を持っていること
- 共通の宗教や文化を持っていること
- 結婚は主として、その種族間で行われること

また、糸川さんは、種族には次の6つの法則があるとしている。

- 種族には定住性がある
- 種族には固有の言語がある
- 種族には固有の文化がある
- 種族は固有の宗教を持っている

・結婚を主として種族のなかで行う
・種族は他種族によって支配されることを好まない

これらの法則が阻害されたとき、種族間に紛争が発生する。逆に言いえば、同一種族の人が集まっていた方が安定する。

糸川さんは、種族工学研究所を閉鎖した後も種族工学の研究を続け、創造性組織工学の人間学に集約していった。

運命的な出会い

糸川さんは、1983年にイスラエルを2回訪問している。1回目は、小室直樹さん、山本七平さんと日本文化人代表団としての訪問だった。これは、イスラエル外務省の招待だった。2回目は、糸川さん単独によるイスラエル・ハイテク視察だった。

この2回目に訪れたテクニオン工科大学で思いがけない出会いがあり、糸川さんとイスラエルの扉が大きく開いた。

テクニオン工科大学の高速風洞と新型ミサイルの模型などを見学した後で、アーノルド・シャーマン事務局長と3時間を超えるミーティングをすることになった。シャーマンさんは米国生まれのユダヤ人で、若い頃はニューヨーク・ハーレムの黒人街に飛び込んだりしたこともある多感な青年で、文学志望だったという。憧れは、アーネスト・ヘミングウェイだった。

その後、パリに行き、偶然、エチオピアの青年に出会ってから、ユダヤ教の伝統に突然開眼し、イスラエルに帰還する。いろいろな職業、軍籍を経て、イスラエル航空エルアルの副社長になった。テクニオン工科大学学長にヨセフ・シンガー教授が就任したとき、スカウトされて、事務局長に就任した。

翌84年、テクニオン工科大学は創立60周年を迎えようとしていたが、財政危機だった。糸川さん自身、敗戦や商売替えで収入がゼロになりお金に苦しんだ経験があったことから、シャーマンさんの話を聞き流すことができなかった。

テクニオン工科大学を支えるユダヤ人のネットワークがある。米国、フランス、英国、カナダ、ドイツ、スイス等々、世界中に30ほどの支部があり、アインシュタインもその会員だった。「日本支部を作ってくれないか?」というのがシャーマンさんの頼みだった。

糸川さんは苦労したようだが、1985(昭和60)年、日本テクニオン協会を設立した。同時にテクニオン工科大学のボードメンバーにも就任した。イスラエルは狭い国だから、口コミで噂はすぐに広がる。他の研究機関からも日本支部を熱望された。その結果、糸川さんらの尽力で、ヘブライ大学、テルアビブ大学、ワイツマン科学研究所、ベングリオン大学の日本支部が設立された。

「マザルヴェブラハ」

イスラエルの研究機関と糸川さんが奔走してできた日本の協会は、契約書を結ぶことになるのだが、糸川さんはその際、ユダヤ人にとって最高の契約形態が紙の契約書ではないことを知る。テルアビブ大学との契約書を結ぶときのことだった。

テルアビブ大学が将来、日本テルアビブ大学協会を作る必要ができたときどうするか。協会の日本国内における法的地位、イスラエル国内における法的規制など込み入った議論になったとき、向こうから出てきた言葉があった。

「マザルヴェブラハ」

「幸福と祝福あれかし」というヘブライ語だが、いわば双方の全面的信頼関係で、一切文書なし、契約書なしの最高契約を指す言葉だった。この互いの人格を担保にした契約こそ、ユダヤの最高契約だというのである。

糸川さんが設立に奔走した5つの協会の事務局は世田谷の糸川さんの自宅近くにあり、事務局の池田眞さんは現在、日本イスラエル親善協会代表理事副会長だ。仕組みは単純で、日本企業が法人会員として会費を支払い、翻訳されたイスラエルのハイテクや科学のレポートを受け取る。

興味があるイノベーションがあれば、年に1回ほど開催される「産業人イスラエル・ハイテク視察ツアー」に参加し、現地を視察する。

驚くのは、レポートはすべて糸川さん自らが翻訳し、手書きしていたことだ。温かみがあっていいとも言えるが、読みにくいミミズのような字だった。しかし、送られてくるレポートを見るたびに、糸川さんの衰えを知らないエネルギーに頭が下がる思いがした。

人から始まるイノベーション

糸川さんは1985年6月に日本テクニオン協会、1986年12月に日本ヘブライ大学協会、1987年1月に日本産業人テルアビブ大学協会、日本ワイツマン協会、10月に日本ベングリオン大学フレンズというイスラエルの研究機関とのアライアンスを締結した。日本だけでなく、世界中に組織がある「Technion Society」のメンバーの1人にアインシュタインがいたように、これらのイスラエルの研究機関にはイノベーションを生み出す人材がたくさんいる。

糸川さんが、イスラエルの5つの研究機関とのアライアンスを行った大きな理由は、日本企業が得意な改善的イノベーションに対する「反逆の法則」が働いているからだ。ではなぜ、イスラエルには改善的イノベーションではなく、真のイノベーションが多いのだろう。

現在のように高性能センサーやカメラのない時代に、自動車の後ろからの衝突を防ぐイノベーションがイスラエルから生まれている。

あるエンジニアの妻が、後ろから衝突される事故を再三起こしていた。エンジニアは考えた。妻はブレーキを押すタイミングが遅いため、後続車がブレーキランプを発見するのが遅れてしまい、衝突するのではないか。

それなら、アクセルを離した段階でブレーキランプをつけるようにすればタイミングが早くなり、後続車の衝突を防げる可能性が増す。これは一部のトラックやバスメーカーに採用された。糸川さんのイノベーションの3つの法則から考えると、妻に対する「手のひらの法則」が働いている。

イスラエル南部に広がるネゲブ砂漠に人が住めるようにすることを目的に設立されたのが、ベングリオン大学だ。この大学では、砂漠緑化のための海水利用や太陽エネルギー利用などのテクノロジーの研究が行われている。

それ以外に、哲学、考古学、言語学、文学、ユダヤ思想、経済学、地理学、心理学、行動科学などが充実している。砂漠に人が住みたがらない理由を研究する必要があると考えているからだ。

イスラエルのイノベーションは、最初に人間がある。人間のために、テクノロジーが出てくる。まず妻の事故があり、事故をなくすためにテクノロジーが出てくる。テクノロジーを改善するところからスタートするのではない。ここには大きな違いがある。

テクノロジーを改善するところには、「手のひらの法則」が働きにくい。6気筒はもう古いから8気筒でいこうとか、ピストンの往復運動はどうだとかいう、改善的イノベーションの主人公は、人間ではなくテクノロジーだからだ。

ベドウィンの法則

１９８１年に設立された種族工学研究所の狙いは、種族と種族が互いに補完し合いながら共存共栄を図る道を探ろうというものだ。日本人の宗教的な透明感は、あらゆる宗教に対して等距離を保てるという意味で種族工学的には都合がいい。

種族工学研究所は１９８１年に設立され、10年後に閉鎖されたが、イスラエルのベングリオン大学の砂漠研究所とはその後も関係を続け、研究を続けていた。

イスラエルには、好んで砂漠に住む遊牧民のベドウィンがいる。イスラエル政府は遊牧民のベドウィンを定住化させ、ベドウィン社会をより物質的に豊かにしようとした。マンションのようなコンクリートの集合住宅を建て、そこにベドウィンを住まわせようと試みた。

結果はどうだったか。ベドウィンの人々は集合住宅の中に日常の不用品をしまい込み、自分たちはその建物の前に従来どおりのテントを張って暮らし始めた。

与えられた新居は倉庫となり、住居はテントという「半遊牧、半定住」という奇妙なライフスタイルとなった。こうした変化によって犯罪が多発した。盗み、売春、麻薬の常習、アルコール中毒者が増加し、先進文明国と同じタイプの問題が起こり、遊牧民ベドウィンを蝕（むしば）んでいった。

ベドウィンには、2つのタイプがある。一つは、砂漠、荒野に住む「移動ベドウィン」（バドゥ、本来のベドウィン）、もう1つは町に住む「定住ベドウィン」（ハダリ）だ。移動ベドウィンは定住ベドウィンに対し、「農耕に頼ったり、ニワトリを飼ったりしている奴らはもはやバドゥではない」と認めない。

バドゥという言葉には、伝統的な誇りとされてきた勇敢な砂漠の民は、ハダリのように一カ所に定住し、他律的に生活するものではないという意味合いが含まれている。

しかし、ハダリの歴史をたどれば、もとはバドゥだった。町は人間が集まり、一定の機能を果たすようになったものだ。文明に憧れながらも、アラブ人は砂漠の民という自分たちのルーツを誇る。

遊牧民は、しばしば農耕地帯に侵入してそこを統治する。定住すると遊牧民の文化を忘れて軟弱になり、戦闘力が下がってしまう。すると新しい遊牧民に襲撃される。イスラム世界を代表する学者であるイブン・ハルドゥーンは、このことを歴史の循環として捉えていた。

残念ながら、イスラエルではマジョリティであるユダヤ人政府は、マイノリティであるベドウィンの定住に対する心情を捉えることができなかった。そのため、ベドウィンの間で先進文明国と同じタイプの問題が起きてしまった。このことから、糸川さんは次の２つの種族の法則を提唱した。

民族自決の法則（第1法則）

各種族のライフスタイルを外部から強制的に変更させようとすると、必ずその種族は物質的に腐敗する。したがって、種族のライフスタイルを外部の価値観で変えようとすべきではない。

自発的リーダーシップの法則（第2法則）

種族のライフスタイルが変わるためには、自発的に選ばれた自分たちのリーダーが必要だ。その過程は数十年の時間を要するが、これを性急に省略すれば、必ず種族にとって大きな悲劇が起こる。

この２つの法則は、イスラエルの砂漠に住むベドウィンという小さな種族をモデルに着想されたことから、「ベドウィンの法則」と名づけられた。先進国の常識で考えるのではなく、あくまで先進国とは異質であるという前提から発想している。

１９９３年に糸川さんのライフワークとして出版された『糸川英夫の創造性組織工学講

座』には、次のように書かれている。

私はイスラエル狂でもないし、いわゆる『プロ・ユダヤ』でもない。いま現在、もっとも興味があるのはベドウィンである。ベドウィンというのは、イスラエルの隣人でありながら、まったく異なるカルチャーをもっている。オルタナティブを探すときには、特定の時期、特定の国を軸に、デセンターを続けることになるわけだが、私がデセンター、つまり一時期イスラエルに置いたセンターを移そうとするなら、当然ベドウィンへと向かうわけである。（中略）プロフェッショナル・マネジャー（PM）はゼネラリストであると同時に、いろいろな分野の専門家とできるだけ等距離につきあわなければならないし、ある特定の国と親密になりすぎないほうがいい。私も当然そう心がけているし、最近ではイスラエルからデセンターしはじめているので、そのなかの興味深い発見を参考までに紹介させていただいた。

糸川さんはイスラエルから距離を置き、ベドウィンの法則として研究成果を集約した。糸川さんの研究成果は、ベドウィンまでで終わっている。

残された問題

ここまでの糸川さんの人生を見てくると、どうしてもやり残さざるを得なかったことと、意図的にやり残したことがあることがわかる。

中島飛行機におけるジェットエンジンの開発は実験を強制的に止められ、やり残さざるを得なかった。ジェットエンジンをスキップして開発したロケット開発では、人工衛星を上げる前に退任した。後を継いだ弟子たちが人工衛星を上げ、小惑星からのサンプルリターンに至るまでの輝かしい成果を上げた。

糸川さんの飛行機からロケットに続くハードウェアの仕事は、弟子たちに引き継がれて、JAXAという立派な組織になった。JAXAはいまも意欲的な目標を掲げ、進化している。

一方、種族工学を含んだ創造性組織工学は、実用最小限のモデルとしてのベドウィンから打ち立てた「ベドウィンの法則」で意図的に終わっている。この種族工学の仕事は、今日のパレスチナ問題や深刻な難民問題にもつながるだけに、中断は大きな損失かもしれない。糸川さんは『人類は21世紀に滅亡する!?』の中で、こんな予言めいたことを書いている。

「世界中がベドウィン化していると思います。急激な、社会的な変化を世界中で資本主義が起こして、お金がモラルになってしまっているのです。（中略）21世紀の人類の危機は、こうした民族の急激な水平移動による摩擦を激化させることによっても引き起こされます」

1990年代半ば、糸川さんは今日の難民問題を予測していたのだ。

組織工学研究会の閉鎖

1992年7月20日の糸川さんの80歳の誕生日に、45年かけて完成した「ヒデオ・イトカワ号」のお披露目としてコンサート「音楽による逆転の発想」が開催された。その後も、イスラエルやパリを往復するなど80代とは思えない精力的な活動を続けていた糸川さんに、思いがけない事態が襲った。

1994年1月1日午前2時頃、長野の自宅で手洗いに立ったとき、躓(つまず)いて倒れ、肋骨(ろっこつ)3本を骨折する重傷を負った。

1月4日、一度は丸子中央病院に入院したが、信州大学医学部附属病院に転院し、手術を受けた。骨が折れただけでなく、骨の切れ端が体中に回って動脈を傷つけ、内出血していた。そのため一時は心臓が止まり、ペースメーカーが取り付けられ、2週間ほど昏睡状態だった。

このため、この年の前半は研究会を開くことができず、名古屋、大阪の研究会は閉鎖することになった。東京・六本木にあった組織工学研究所の事務所も5月いっぱいで閉鎖された。

組織工学研究会は会員制で、企業や個人の会員が年会費を払っていた。このため、毎月の開催を隔月にして東京会場だけとし、その年の年末まで開催した。六本木の事務所がなくなったため、秘書もいなくなり、結局、私が事務局を年末まで続けることになった。『創造性組織工学講座』の「おわりに」には、次のように記されている。

会員の多数を占めるのはこれまで民間企業で、その数は百社から二百社のあいだを上下している。かつては公共事業体の国鉄（現ＪＲ）の研究所、それから日本専売公社（現日本たばこ産業）もメンバーであった。私はちょうど満八十歳を迎えたが、いまのところ、あと十年はこの仕事を続けたいと考えている。いうまでもなく、創造性組織工学という体系は完成されたものではない。永久に人類が完成に向かって挑戦すべき大きな課題であろう。

1994（平成6）年12月に組織工学研究会の活動が終わった。

糸川さんは東京・世田谷から長野県丸子町（現上田市）に移住した。同時に、糸川さんはアースクラブという組織を設立した。組織工学研究会は法人会員が大半を占めたが、アースクラブは糸川さんを慕う糸川ファンの集まりの場だった。

「時よ止まれ、お前は美しい」と口にしてファウストが死を迎えるゲーテの戯曲と同じように、人間は自己を超越した魂となるべきものだと糸川さんは考えていた。

アースクラブのある丸子町の自宅には全国からファンが集まり、みんなで雑談をしながら炬燵(こたつ)に入り、たまに糸川さんの話を聞く気楽な集まりだった。現在、その自宅は「じねんや糸川」という部屋貸し可の喫茶店になっている。

半年に1回ぐらいのペースの集まりで、参加費は5000円程度。ボランティアによる手作りの夕食を食べて1泊した。翌日の朝食を作るのが、私の役割だった。朝食を食べた後は解散するだけだったが、窓から眺めるリンゴ畑とアルプスの山々が心を癒やしてくれた。たまに小室直樹さんも参加し、「家では飲めない酒がここでは飲める」と炉端を囲んで喜んでいた。

人生24時間法

80代の糸川さんは、自分の人生から「人生24時間法」を唱えていた。糸川さんが編み出した哲学とも言える。『糸川英夫の人類生存の大法則』(徳間書店)に、そのエッセンスが書かれている。

就職と定年を境に、人生を三段階に分ける現在の考え方は間違っているだろう。人間は死ぬまで同じ形態を保ち、能力も持っている。人間は死ぬまで働くことができる。定年制はこのような生物学的事実から見ると、まったく不合理な制度である。

画家や彫刻家などの芸術家には、90歳、100歳になっても日々技術が新しくなり、人間国宝になっている人も少なくない。人間は体力が衰えても、技術やそれを生かす知能は、衰えるどころか進歩していく。70歳になっても80歳になっても、人間は進歩するという事実を、定年制は無視している。いまでも農村、山村にいけば、生きているかぎり社会的責任を果たすのが、人生の任務であると考えて地域貢献している人はたくさんいる。都市部の人だけが定年制で、いきなり社会的任務を取り上げられるのは、どう考えてもおかしい。

糸川さんは30代でバイオリンを製作した。そのバイオリン製作が、「バイオリンの製作に関する研究」という熊谷千尋さんとの共著論文になったのは1952(昭和27)年9月。安いニスをバイオリンに塗って、いったんバイオリンの製作を終えて、糸川さんは渡米した。その後、ロケット研究の傍ら、プロバイオリニストに自分のバイオリンで演奏してほしいと依頼して回った。残念ながら誰も演奏してくれなかった。

バイオリンを演奏するとき、演奏家は顎に挟んでバイオリンを支え、手では支えない。そのため、ちょっとした重さの差も演奏家は敏感に感じとる。

ヒデオ・イトカワ号は、他のバイオリンより50グラムほど重かった。10年、20年と軽量化の相談を調律師と繰り返すうち、年月がたってバイオリンのエイジングが進んでいった。

あるとき、糸川さんは長野県上田市の信州国際音楽村のコンサートホールの設計を依頼された。そのときに出会った中澤宗幸さんの手によって、バイオリンの軽量化に成功する。その後、糸川さんの80歳の誕生日である1992年7月20日に開催されたコンサート「音楽による逆転の発想」で、ヒデオ・イトカワ号が初めて一般の観衆に披露された。

1947年、熊谷千尋さんと出会い、バイオリンの製作に着手した。1952年、学術論文が完成する。1992年、待望のコンサートでお披露目する。バイオリンの完成までに実に45年を要したことになる。

糸川さんは晩年のバレエ習得のため、タンスの一番下の引き出しに読み終わった新聞紙を1日分ずつ積み重ねて、足を置いてポーズを取り、少しずつ足を上げていく練習法を考案した。これは、糸川さんの4つのステップによって誰でも応用できる。

糸川さんのバレエ取得方法である新聞紙を1部ずつ積み重ねる方法を使えば、対象を変えるだけで、誰でも新しい技や知恵を身につけることが可能になる。この方法は「人生24時間法」と名づけられ、次の4つのステップで構成される。

ステップ1　自分の持っている能力にこだわらず、何を要求されているかを考える

ある大手メーカーの新入社員の研修レポートを見ると、物事を自分の専攻学科の立場からしか考えていないものばかりだったという。さらに大学を出て10年以上の社員でもこの傾向が見られた。

自分の得意分野に寄りかかっていると、行動や思考に枠ができてしまう。逆に、苦手な分野だからこそ受け入れるぐらいの姿勢があると、自分にない能力なので、なんとしても人並みになろうとするため、持久力、耐久力が養える。

ステップ2　目標までの最短距離を一定の割合で上がっていけるような方法を設計する

最初はやれるところから手を付け、新聞紙を1日に1部ずつ積み上げる。日本のロケット開発でいうと、最初はペンシルロケットからスタートし、ベビー、カッパへと積み上げていく。新しい専門分野を学ぶとき、最初は中学生の教科書から始めるように、簡単に1歩が踏み出せるようにすることが重要だ。

不可能を可能にする方法は、ステップの設計方法にある。やるべきことをステップに分解し、できそうなところから上がっていく。これが目標到達への最短距離になる。

ステップ3　他人を巻き込む

ものを習うにしても何にしても、始めるのは簡単だ。難しいのは、継続することだ。急に仕事が忙しくなってしまったり、海外旅行に行ったり、続けられない理由はいくらもある。これを防ぐ方法として、後には引けない状況をつくり、前進する他ない状況に自分を置くことが効果的だ。

友人や知人に声をかけ、発表の場（勉強会、発表会など）をつくり、そこで成果を一定間隔で発表するようにするなど、他人を巻き込んで発表の場をシステム化してしまう。バレエでは、先生の貝谷八百子さんが糸川さんに巻き込まれた。

ステップ4　拍手のスポンサーを1人用意する

最後は、1人でも構わないから、心から励まし、応援してくれる「拍手のスポンサー」を用意しておく。階段をある程度上がったときに褒めてくれる人がいれば、継続できる。

糸川さんは、こうした方法でバレエを習得した。組織工学研究所の人にも、家族にも一切言わず、バレエ学校に黙々と通った。自分の研究室で毎日レオタードを洗濯し、人目のつかないところに干していた。

糸川さんのバレエ習得を就職と定年を境に分ける「人生3分割法」で考えると、定年して毎日時間があるから、「バレエでも習おうか」となる。ところが、糸川流「人生24時間法」で考えれば、バイオリンの製作もバレエの習得も、1日の切れ端の時間で実践可能となる。

・生活の時間　睡眠、食事などの生存に必要な基本的な行為の時間
・仕事の時間　会社に行き、仕事をする時間
・未来への時間　1日の少しの時間から押し広げ、創造する未来への時間

これが糸川流の「人生のイノベーション」に当たる。

「1万時間の法則」というものがある。どんな素人であっても、1万時間を費やして修行し、研鑽（けんさん）を積むと、プロになれるという法則だ。1日3時間ずつ10年続けると1万時間になる。つまり、会社に勤めていたとしても、1日10分、20分の未来への投資ができる時間を創造できれば、数十年後にはその道のプロになれるのだ。

糸川さんは、米アリゾナ州のサンダーバード大学の教授をしていた時期がある。大学の近くに米国の年金基金で作られた、年金受給者ばかりが住むサンシティという町があった。陽気が非常にいい町で、人間の未来都市と言われた。年金だけもらって死ぬまで楽に暮らせる町だった。にもかかわらず、住民は何もやることがない。やることがないのは、苦痛以外の何物でもない。早期リタイアした人間が再び働き出したくなる気持ちと同じだ。

人間の幸福とは何か。それは、したいことができる暮らしではない。しなければならないことを受け入れるなかにある。糸川さんは、そう感じたという。

「地球外生物はいない」

人生24時間法から、話は地球外生物に移る。人間のような知性を持つ地球外生物はいない、というのが糸川さんが長野県丸子町の自宅に拠点を移してから取り組んだアースクラブの設立動機の一つだ。私は、糸川さんの持論を何度となく聞いた。

糸川さんは、宇宙をコスモスで捉えていた。

▼コスモス　私たちが知り得るすべての範囲の宇宙。人間が観測可能な範囲の宇宙。

▼ユニバース　私たちが知り得ないものを意味する潜在的可能性を含んだ宇宙。

糸川さんは１９５３年、シカゴ大学客員教授として渡米した。大学の図書館で読んだ本のなかに「スペース・メディスン」（宇宙医学）という言葉があり、ロケット研究を思い立ったことはすでに紹介した。「人間は宇宙で生存できるか」という論文も存在していたという。アポロ計画は１９６９年からなので、それより15年以上前の話だ。

糸川さんには、その頃から「人間は宇宙には住めない」という直感があったようだ。宇宙へ行くと、地球の引力がなくなる。地球の生命現象はすべて１Ｇという重力の下で行われている。そのため、１Ｇでない場所では、生物系の生理メカニズムが混乱し、人間は故障する。これが糸川さんの持論だった。

ニワトリの卵が受精した瞬間にその卵を人工衛星に乗せ、3日間無重力に置くと永久にヒヨコに孵(かえ)らない。ところが、受精後10日間ほど地上に置き、それから人工衛星に乗せると、ヒヨコに孵る。つまり、受精後の瞬間から何時間か無重力の環境下に置くと、生命は順調に成長しないのだ。

糸川さんの直感では、人間のように知性を持つ生命は地球上にしか存在しない。太陽系以外の星から地球に来るとすると、一番近いところで4・3光年離れているから、普通のロケットの速さでは、500年かかる。星は無数にあるから、そのなかには生物が存在するかもしれないが、いたとしても、人間とは永久にコンタクトできないところではないか、という見方だ。

未来学者ハーマン・カーンは、人類が宇宙へ移住するというシナリオを描いた。この予測はイーロン・マスクの火星移住構想につながっている。ところが、糸川さんが親しかった英国の環境科学者ジェームス・ラブロックは、イーロン・マスクの全財産の半分を使っても極小カプセルを建設し、維持するのが精一杯だと、揶揄(やゆ)している。ラブロックと糸川さんは、あらゆる民族や生物が、この地球上で共生する未来を描いていたのだ。

「遺言ではない」

1995年末、糸川さんは最初の脳梗塞(のうこうそく)に倒れ、入院した。糸川さんが丸子中央病院に入院中に執筆した『人類は21世紀に滅亡する⁉』（1994年、徳間書店）には、予言めいたことも書かれている。

今回のバブル経済崩壊に始まる平成大不況も、私は予測してきました。一九八二年ころから、私はことあるごとに「空前の不況がやってきますよ。これまでの経済秩序が崩壊して、恐慌になるかもしれません」と申し上げてきました。

事実、私自身も、持ち株、不動産をすべて整理いたしまして、信州に家を建てました。その後、一九八五年にバブル経済が始まり、一時は株価が急騰したものの、泡はみごとに破裂して、今日の空前の不況に突入することになりました。確かに予測はすこし早かったかもしれません。

同書の「おわりに」には、こう書かれている。

「一九九〇年の特異点を境に、これまでに人類が経験したことがない時代に私たちは突入いたしました。次の特異点は、私の六十年周期説では二〇五〇年であります」

『人類は21世紀に滅亡する⁉』の続編が、『21世紀への遺言』（1996年、徳間書店）だ。いまでも思い出すのは、『21世紀への遺言』が発売されたときのことだ。

一時退院して自宅に戻っていた糸川さんは、『『遺言』という言葉には『エール』という意味もある」という編集者によるタイトルの説明に、ほとんど言葉にならないように絞り出すような声で、こう答えた。

「まだ遺言ではない」

このとき、私は糸川さんの社会的責任への執念を感じ、感動したことを今でも記憶している。

3度目の脳梗塞から危篤状態となった糸川さんは、1999（平成11）年2月21日、死去した。「人生24時間法」を使った仕事を後に残して、一条の光となって宇宙に帰っていった。

糸川さんは見事なほど人生の達人であり、イノベーターとして生き抜いたと思う。

おわりに

30代の糸川さんは、熱誘導により敵艦を爆破することを目的にした決戦兵器「ケ号爆弾」を開発していた。昭和の奥底に埋もれていた歴史である。海軍技術中尉だった盛田昭夫さんと測定器の技術者だった井深大さんはケ号爆弾開発研究会で出会い、戦後、ソニーの前身である東京通信工業を設立する。

本書における私の試みは、糸川さんのHow To Innovate（イノベーションの方法）を昭和の奥底から引きずり出し、3つの法則と2つのフローチャートで整理することで、日本人の脳から脳へと渡り歩きやすい「ミーム」にすることにあった。ミーム（meme）は、進化生物学者リチャード・ドーキンスの造語で、文化の中で人から人へと広がっていくアイデア・行動・スタイル・慣習である。

糸川さんが主宰していた組織工学研究会は1994年12月に幕を閉じた。それでも、いまなら簡単にインターネット上で、その思想や手法を受け継いでいくことは可能だ。そこでCreative Organized Technology研究会（組織工学研究会）をｎｏｔｅで復活させた（https://note.com/inootanaka/）。具体的な運営方法などはまだ決めていないが、本書への質問などを、この研究会でフォローするつもりだ。

私にとって、20代での糸川さんとの出会いから、10年間の組織工学研究会でのボランティア事務局員の経験はかけがえのないものだった。糸川さんが亡くなってから20年以上の時を経て、その経験が奇跡的にもこうして1冊の本につながった。

本書を書いている時間、校正している時間、読み返している時間のすべてが、糸川さんと再び語らう喜びの時となったことは、感謝としか表現できない。日経ＢＰの編集者黒沢正俊氏が与えてくれたこの機会は、私にとってペテロの鍵に値するかけがいのないものでした。本当にありがとうございました。

＊

本文中で使用したメディアハウス株式会社発行『十人十色』一九九一年三月号所収の写真について、関係者の方からの連絡をお待ちしています。

糸川英夫略年譜

1912（明治45）	7月20日	東京市麻布区に生まれる
1935（昭和10）	3月	東京帝国大学工学部航空学科卒
同	4月	中島飛行機（株）入社
1941（昭和16）	8月	中島飛行機（株）退社
同	11月	東京帝国大学第二工学部助教授に就任
同	12月	真珠湾攻撃
1945（昭和20）	8月	敗戦、航空禁止令
1948（昭和23）	8月	東京帝国大学第二工学部教授に就任
1949（昭和24）		音響学の研究で工学博士の学位取得
1953（昭和28）	1月	麻酔の深度を測定する研究が認められ、シカゴ大学客員教授として渡米
1954（昭和29）		東京大学生産技術研究所内に「ＡＶＳＡ」(Avionics and Supersonic Aerodynamics：航空及び超音速空気力学）研究班を組織
1955（昭和30）	4月	東京都国分寺市の新中央工業跡においてペンシルロケットの水平発射実験を行う
同		ＩＧＹ（国際地球観測年）に参加
1958（昭和33）	8月	秋田県の道川海岸にて、ベビーロケットの飛翔実験を実施
1961（昭和36）		日本海側での打ち上げに限界を感じ、射場候補地を求めて全国を調査。内之浦長坪地区に白羽の矢を立てる
1962（昭和37）	2月	東京大学鹿児島宇宙空間観測所起工式
	10月	能代ロケット実験場開設

1964（昭和39）　東京大学宇宙航空研究所設立
1967（昭和42）　3月　東京大学退官
同　4月　組織工学研究所設立、所長に就任
組織工学研究会発足　東京、大阪、名古屋、福岡、埼玉で毎月例会を開催
1975（昭和50）　10月22日　『ロメオとジュリエット』（貝谷バレエ団定期公演）出演
1981（昭和56）　4月　種族工学研究所設立
1985（昭和60）　6月　日本テクニオン協会設立
1986（昭和61）　12月　日本ヘブライ大学協会設立
1987（昭和62）　1月　日本産業人テルアビブ大学協会設立、日本ワイツマン協会設立
同　10月　日本ベングリオン大学フレンズ設立
1989（平成元）　5月　フランス国立ポンゼショセ大学（パリ）の国際経営講座教授に任命
1991（平成3）　1月　種族工学研究所閉鎖
1992（平成4）　7月20日　糸川さんの80歳誕生日にヒデオ・イトカワ号のお披露目コンサート
1993（平成5）　4月30日　『糸川英夫の創造性組織工学講座』刊行
1994（平成6）　1月1日　転倒事故、入院
1994（平成6）　5月　組織工学研究所閉鎖、組織工学研究会（名古屋、大阪）閉鎖
1994（平成6）　12月　組織工学研究会（東京）閉鎖
1995（平成7）　長野県上田市に移住しアースクラブ開始
1999（平成11）　2月　3度目の脳梗塞から危篤状態となり、2月21日死去

著者略歴

田中猪夫／たなか・いのお

1959年生まれ。故・糸川英夫博士が主宰した「組織工学研究会」に入会し、研究会でボランティアとして事務局的役割を担う。

大学中退後、IT企業を起業。イスラエル企業の日本進出などに携わり、現在はCreative Organized Technology LLCのGeneral Manager。

著書に『仕事を減らす』（サンマーク出版）。

国産ロケットの父 糸川英夫のイノベーション

2024年2月19日　第1版第1刷発行

著者	田中猪夫
発行者	中川ヒロミ
発行	株式会社日経BP
発売	株式会社日経BPマーケティング
	〒105-8308　東京都港区虎ノ門4-3-12
	https://bookplus.nikkei.com/
装丁	新井大輔
装画	丹野杏香
製作	マーリンクレイン
印刷・製本	中央精版印刷

Printed in Japan　ISBN978-4-296-00185-9

本書に関するお問い合わせ、ご質問は下記にて承ります。
https://nkbp.jp/booksQA